管理職を目指す人のための

インバスケット対策
完全マニュアル

鳥原隆志

株式会社インバスケット研究所
代表取締役

WAVE出版

はじめに

　本書は、インバスケット試験を初めて受ける方向けに書いた〝教科書〟です。

　私はこれまで50冊以上のインバスケット関連書籍を執筆してきました。最初の著書である『究極の判断力を身につける　インバスケット思考』はベストセラーとなり、12年以上経つ今も増刷を続けています。

　一方、研修講師としては３万人を超える受講者の方にトレーニングを重ね、ステップアップのお手伝いをしてきました。

　今でこそインバスケットの第一人者と呼ばれるようになった私ですが、最初はまったく回答できず落ち込みました。

　私がインバスケットに出合ったのは、前職の大手流通企業での管理職登用試験です。当初は、少し勉強すれば合格するだろうと高をくくっていましたが、実際に受けてみると結果は散々でした。

　そこから研究し、トレーニングを重ねました。ですから、これから受験されるみなさんの気持ちはわかっているつもりです。

　ゼロから始めた私が、これから受験するみなさんに申し上げたいのは、インバスケットはそう簡単に合格できる試験ではなく、「自分を変えるほどの挑戦心」と「持続した努力」が必要だということです。

　ただ、大変な試験ではありますが、これを乗り越えるとそれに見合うだけの価値は確実にあります。私も合格してからは社内での立場が上がり、まわりの見る目も変わったのを覚えています。

　そして、なにより今このようなすてきな仕事ができているのは、間違いなくインバスケットに合格したおかげです。大変な壁だと思いますが、ぜひ乗り越えてください。

　私はこれまでインバスケット関連の書籍をたくさん書いてきたとお話ししましたが、試験対策の本を書くのは初めてです。出版社から依頼はありましたが、受けませんでした。

なぜならインバスケットは、短期間で習得するコツのようなものでは乗り越えられないからです。本来、マネジメント力など管理職に必要な能力をしっかり身につけてから臨むべきものなのです。今でもその考えは変わりません。

　一方で、多くの企業でインバスケットが管理職登用の昇格試験として導入されるようになり、試験勉強をされる方が増えてきました。それに合わせて、ネットなどでは「インバスケット試験対策本」あるいは商材が出回るようになりました。
　ネット環境の利便性を活用し、作り手が実名も出さず、単なる商売としての情報商材が販売されるようになったのです。中には参考になるものもありますが、デタラメな内容のものも少なくありません。その間違った内容を鵜呑みにして試験に失敗したという人が、私のまわりにも現れるようになりました。

　インバスケットを広めてきた立場としては、正しい試験勉強のテキストを書かなければならない、と思うようになったわけです。
　もちろん、本書をもってしても、インバスケットには正解というものはないので、読めば必ず合格するというものではありません。
　しかし、インバスケットを知らない方が勉強を始めるときに、正しい理解を得られるように、できるだけわかりやすく書き、実際の試験に近い問題も用意して解説しています。

　まずは本書で本当のインバスケットを学んでいただくと、これだけでも合格の可能性は高まります。もっと深く勉強したいという方は、私のYouTubeチャンネルを活用していただければ、成果はもっと高まるはずです。

　本書が、あなたが本当に実力を持った管理職になるための指南書になることを願っています。

2024年3月
　　　　　　株式会社インバスケット研究所　代表取締役 鳥原隆志

※「インバスケット」「インバス！」は株式会社インバスケット研究所の登録商標です。

CONTENTS

////// 第 **1** 章
インバスケットはどういう試験なのか?

管理職の能力があるかを調べる
試験はどう実施されるのか

意思決定力や行動パターンを見る
能力の高さやバランスを見る

正解も模範解答もない!?
優秀な管理職の行動が手本になる

コンピテンシーモデルを見つけよう!
管理職としての弱点を改善していこう

入学・資格試験とはまったく違う
3冊の問題集を3回解く!

////// 第 **5** 章
演習問題の解説で要領をつかもう！

　　問題と課題を識別して課題を設定する
　　期待されるような抱負を表明する
　　上司と業務の方向性を合わせる
　　自分が考えているビジョンを伝える
　　▶モニター回答例

　　情報を鵜呑みにせず事実確認をする
　　業務効率改善のアイデアを出す
　　部下の教育や指導まで広げて考える
　　コンプライアンスの問題は敏感に
　　悪いことが起こらないように注意喚起する

　　案件の承認は7種の判断で決める
　　さまざまな視点で問題点を発見する
　　社内基準をつくり改良を重ねる
　　部下の自発的な活動を支援する

　　中長期の戦略的な判断を打ち出す
　　リーダーとしての判断軸を決めておく
　　近未来を読むシミュレーションをする
　　極秘扱いで障害や不安の発生を抑える
　　▶モニター回答例

第 **6** 章
回答例を分析して合格に近づこう!

［ブックデザイン］華本達哉(aozora)

［編集協力］藤原雅夫

［本文イラスト］こつじゆい

［校正］株式会社ぷれす

第 **1** 章

インバスケットは
どういう試験なのか？

インバスケットは、管理職に必要な究極の判断力を養うものです。過去に起きた「問題」ではなく、将来のための「課題」を解決する力を身につけます。想定外のことも含め、どんな状況でも最善の対応ができる能力を診断します。

管理職就任後の 行動力を予測する

管理職の能力があるかを調べる

　インバスケットという言葉を初めて聞いた人は多いと思います。直訳すると「未処理箱」。管理職の机の上に箱が置いてあり、まだ決済されていない案件の書類やメモなどが入れられていますね。あれです。

　最近は社内メールが行きわたり、見かけることが少なくなりました。今だとパソコンの中の受信箱をイメージしたほうがいいかもしれません。受信箱に未開封のメールが20通、30通と入ったままの状態です。

　インバスケットというのは、その未処理の案件を、未知、未経験の架空の立場に立って、限られた時間内に、高い精度でいかに処理するかというビジネスゲームです。

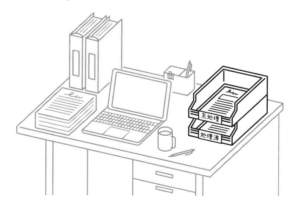

「架空の立場」というのは、私が昔、初めて受けたインバスケットでは、自分のいる業界とはまったく別の、ある出版社のプロジェクトリーダーになりきって、25案件ほどを処理するというものでした。

このようにほとんどの場合、ゲームの主人公であるあなたは、今いる業界や役職とはまったく異なる設定になっています。

昇格試験であれば、あなたが合格したら昇格する立場、つまり現在より高い役職の設定になりきることが求められます。ここはのちほどお話ししますが、上の立場になりきるということが、インバスケットではとても重要なことなのです。

インバスケットの歴史は1950年代にさかのぼります。アメリカ空軍で教育効果の測定法として活用され始めたといわれています。誕生の背景には、知識豊富な優秀訓練生が、現場つまり戦場で戦死する確率が高いという大きな問題がありました。

その原因の研究が行われたわけですが、結論として「知識を持っている」ことと「その知識を現場で使う」ことは別であるという答えが導き出され、それ以降、身につけた知識やスキルが明日からの現場でどれだけ活用できるかを確度高く予測するツールとして使われ始めたのです。

そのアメリカ空軍で活用されるインバスケットを、あなたがなぜ管理職昇格試験で受けることになったのでしょう。それは、管理職も空軍兵士同様、マネジメントの知識や問題解決のスキルを習得していても、現場で活用できない人が多くいるという現実があるからです。

つまり、インバスケットの目的は「管理職に必要な知識やスキルをどれだけ知っているのか」を測定するのが目的なのではなく、「あなたが管理職として現場に着任して実際に活躍できるか」を予測するツールなのです。

インバスケットは、自動車学校のシミュレーターに似ています。わざとミスを犯しやすい環境を設定して、どこでミスを犯すのかを体験します。その反省と改善努力によって、本番でミスをしないようにする。そのための学習であるという部分はそっくりです。

試験はどう実施されるのか

▶問題形式

　問題形式には「記述式」と「選択式」があります。

「記述式」は、白紙の回答用紙に、問題として提示される案件で自分が取る行動やその根拠を記入するものです。

「選択式」は、あらかじめ回答例やその一部分が用意されていて、その中から最適なものを選ぶというものです。

　形式は異なっても、インバスケットの本質は大きく変わらず、評価の方法も同じなので、まずは記述式で勉強することをおすすめします。本書でもこの記述式の問題を掲載して解説していきます。

　なお、インバスケットはがんばって記憶することで合格するような試験ではありません。私が2万人以上の指導に携わった経験から言うと、一般的なテストにそれほど苦手意識を持たなかった頭のいい人ほど、インバスケットは苦手なようです。

　きっと、あなたも今まで受けてきたテストとはまったく違うということが、これからわかるでしょう。

▶問題内容

　架空の管理職やリーダーになりきり、用意された未処理の案件を限られた時間で処理していくという設定が基本です。

　試験の際に配布される「資料」と「案件」、そして回答用紙でおおよそ30枚から40枚ほどの分量です。

　実際のインバスケット問題を本書に掲載していますので、具体的にはそちらをご覧ください。管理職になると遭遇するような「顧客からのクレーム」「部下の人事異動の決裁」「上司からの緊急指示」など、的確な判断を必要とする問題が用意されています。

▶回答時間

　試験はだいたい60分から90分で実施されます。長いと120分や180分の場合もありますが、そのときはほかのアセスメント試験と組み合わされているケースが多いようです。

　例えば、試験途中に別室に呼ばれ、インバスケットに登場する部下（多くは困った部下）を指導する演習が組み合わされる、などです。

▶試験会場

　大半は試験実施機関の大部屋に集合するか、もしくはあなたの会社組織が指定した会場で試験用紙を渡されるケースが多いのですが、コロナ禍以降はWEB型インバスケットも多く使われています。その場合は自宅で監督官の指示に従って実施されます。

　どちらにしても試験の内容自体はそれほど変わらないので、試験用紙配布のケースを想定してトレーニングしてください。

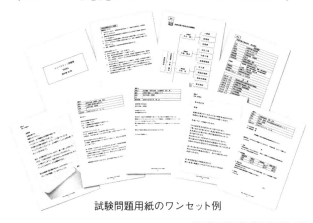

試験問題用紙のワンセット例

WEB上の試験問題例

▶合格率

　合格率は実施する企業で異なります。各企業で管理職の選抜人数が決まっているので、合格率の高い企業では20%になることがある一方で、低い企業だと５％未満のこともあります。

　私が受けたときは200人が受験して35人が合格していたので、競争率は高くありませんでしたが、それでも８割以上が不合格になる難しい試験と言えます。

　なお、インバスケットだけで合否を決める企業はそれほど多くありません。面接やグループディスカッションなど、ほかの試験と組み合わせるケースが多いようです。

▶回答の評価

　インバスケットの採点、評価の仕組みはどうなっているのかですが、これは長くなるので、次の項から詳しく説明していきます。

まとめ

インバスケットは管理職になるための模擬体験ツール。

管理職としての
総合力を見る模擬試験

意思決定力や行動パターンを見る

　インバスケットは、管理職の登用試験として活用されていますが、その目的は、あなたが部課長やリーダー職についたときに、その役職に求められる意思決定や行動を取ることができるかを測定することです。

　つまり、インバスケットの回答用紙に、管理職として評価される行動が込められていれば、評価されてスコアが高くなるわけです。合格するための最大のポイントは、ここにあります。

　例えば、次のような案件が出題されたとしましょう。あなたならどのような行動を取りますか？

> 「取引先Aに別の取引先Bの見積書を送ってしまいました。取引先Aからはなぜ同じ商品で取引先Bの見積もり価格が2割ほど安いのかとお怒りの連絡が入っています。どうしたらいいでしょうか？」

　残念な回答は、現場レベルの対応ばかり書かれている回答です。「取引先Aにお詫びをする」だとか「値引額の交渉を指示する」などです。

　この回答が悪いわけではありませんが、先ほど申し上げた通り、インバスケットは管理職として取るべき行動ができているかを評価するわけです。ですから、合格する人は、上記の対応ではなく管理職として求められる行動に着目した回答をします。

　例えば「事実確認」「原因追及」「再発防止」「関係部署への共有」など

の行動があげられます。

能力の高さやバランスを見る

　評価者から見ると「能力不足や行動のばらつき」があると、得点は低くなります。「分析行動は取られているが、適切な意思決定と行動がほとんど見られない」と判断されることになります。

　上記のケースでは、評価者から見ると、「目の前の分析・行動ができたとしても、総合的な判断ができないのは管理職として大きな問題である」というコメントがつけられそうです。

　また、管理職に求められる行動がたくさん取られていても、ある範囲に偏っていると、これまた高評価にはつながりません。

　私が初めて受験したときのフィードバックコメント（試験結果を知らせる分析レポートのようなもの）では、「問題発見行動はよくできているが、意思決定のスタイルに偏りがある」と書かれたことをよく覚えています。

　自分には意思決定力や判断力があると信じていたので、ショックでしたが、あのときに本当の自分を見つけられてよかったと思っています。

　もしインバスケットを受けずに管理職になっていたら、偏ったスタイルで仕事を進め続けて、自分ばかりか部下や上司などまわりに迷惑をかけていたことでしょう。

　つまり、インバスケットは管理職の仕事を模擬体験して、あなたの能力の発揮度やばらつき、そして行動パターンを客観的に分析する場ということなのです。

　昇格試験でインバスケットを受験する人は、もちろん合格を目指して勉強されているはずですが、将来本番で失敗しないように、自分の伸びしろを見つけるよい機会ととらえてください。

まとめ
インバスケットでは管理職になったときの行動がわかる。

インバスケットには正解がない

正解も模範解答もない!?

インバスケットの概要をお話ししたので、ここで大事なことをお伝えします。インバスケットはテストですが、実は模範解答が存在しないのです。つまり絶対的な正解はないということです。

あなたはこの説明に疑念を持ったことでしょう。私もこのトレーニングを始めたころは、正解が存在すると信じていました。インバスケットで最も多い誤解は、「正解は存在する」ということなのです。

インバスケットは、あなたがどのような判断をしたかという結果を評価するものではなく、その結果を導き出した過程（プロセス）を評価するものです。ですので、回答用紙にそれなりの答えが書かれているから正解だという採点はしません。

そもそも管理職が実際に判断しなければならないことにも、正解というものは存在しないので、判断結果のよし悪しは分析のしようがないのです。

案件処理 **結果**

結果に至る **プロセス**

結果よりプロセス重視

優秀な管理職の行動が手本になる

インバスケットに関するネットや書籍を読むと、「私だったら〜と判断する」というように書かれていますが、これはその人の思考パターンで導き出した結果なので、参考にするのはいいのですが、それを鵜呑みにして正解と決めつけてはいけません。

初めて受験する人は、インバスケットは今までの入学試験や資格試験とは違う、性格検査に近いものだと思ってください。

部下に仕事を任せたり、ときには指導したり、重大な局面では方向性を示すなど、いわゆる優秀な管理職が取る行動が、どれだけ回答に含まれているかをチェックするものです。

これらの評価される行動については、このあとの項で説明していきますが、ここで理解してほしいのは、模範解答を探したり、模範解答らしきものをパターン化して覚えるというようなことは、逆に合格の道を閉ざしているということです。
それよりも、どのような問題が出されても、管理職に必要な判断プロセスを駆使して適切な行動ができることを目指してください。

本書では、第4章で実際の問題を演習として掲載し、解説に加えて一部については回答例を紹介しています。
それは、初めて受験する人には回答方法のイメージが湧かないだろうという、私のいわばおせっかいです。ですから、これも模範解答ととらえるのではなく、このような書き方もあるのだな、という参考にしてほしいというくらいの意味です。

どういう回答が評価されるのか

1

[コンピテンシーモデルを見つけよう！]

　インバスケットでは、管理職として評価される行動を回答に表現することが大事だとお伝えしました。この項では、その「管理職として評価される行動」についてお話しします。

　評価される行動はさまざまな理論のもとに決められますが、みなさんはそういう理論にはあまり興味がないでしょうから、ここではごく簡単に説明しておきます。

　インバスケットの評価対象の行動は、「仕事ができる管理職が取る行動パターン」です。これをコンピテンシーと言います。仕事ができる人たちの行動を研究して、彼らに共通した行動を洗い出し、それがみなさんの回答にどれだけ含まれているのかを見ていくわけです。

　その行動パターンを60以上に分類して、その視点で回答内容を見ていきますが、本書では次の10の分類（能力）に大まかに分けています。詳細は第5章の演習の解説の中で個別に説明していきます。

[試験で試される能力]

・問題発見力　　　　・計画組織力

・問題分析力　　　　・当事者意識

・創造力　　　　　　・ヒューマンスキル

・意思決定力　　　　・生産性

・洞察力　　　　　　・優先順位決定力

管理職としての弱点を改善していこう

　インバスケットに合格するには、どんな回答を書けばよいかを考えるよりも、あなた自身がどの部分の行動が取れていないのかを把握し、それを改善して行動できるようになることです。

　私の経験上、ほとんどの人があと1つか2つ行動が取れるようになるだけで、合格ラインを越えられるようになります。
　例えば、「部下に仕事を任せられるようになる」というように、これまでできなかった行動ができるようになるだけでいいのです。
　ですから、第4章の演習を実際にやって、解説と比べて、みなさんの改善点をぜひ見つけて実行していきましょう。

まとめ
管理職として評価される行動を知ることが合格の秘訣。

インバスケットの勉強法と対策

[入学・資格試験とはまったく違う]

インバスケットの勉強法は、あなたが今まで受けてきた試験の勉強法とはまったく異なります。テキストを覚えるなどの方法はまったく意味をなしません。

なぜなら、先に申し上げた通りインバスケットは「演習型」の試験なので、まったく同じ問題が出題されることはないのです。したがって、インバスケットの勉強法は「実践型」が基本となります。

具体的なトレーニング法は次の章で紹介しますが、まずは問題集を用意して、実際に挑戦することをおすすめします。

私が今まで書いたものを含めて、本を読んで本番試験に臨もうと考えている人もいるでしょうが、その勉強法はおすすめしません。理由は３つあります。

①本はインプット型の教科書のようなもので、読めば知識はつくかもしれませんが、インバスケット試験の回答としてアウトプットできる人は非常に少ないからです。

②書籍の多くは読みやすさを優先して、回答を選択する形式で書いています。しかし、実際には記述式なので白紙に自分の行動を考えて書くわけです。あるものから選ぶのではなく、ないものを書き込んでいくので、多くの人が戸惑ってしまいます。

③レベル感が合っていません。本書には、実際に出題されるものと同等の

レベルで問題をつくり掲載していますが、それでも、インバスケット問題にはいろいろなレベルがあります。例えば、係長クラス向け、課長クラス向け、部長クラス向けというように、難易度が異なります。

多くの場合、本に載っている問題はあなたが受けるレベルとは少し違うもの（多くはレベルが低いもの）だと思ってください。ですから、本にある問題を試すときは、あなたが受ける試験に合ったレベルのものを選ぶことが大事です。

もし、多くの問題集の中でどれを選んだらいいかわからないときは、私の「インバス！」（個人向けインバスケット教材販売サイト）で、教材選択サービスやレベルに合わせた教材セットを参考にしてください。

インバスケット・トレーニング情報サイト　URL ▶ https://www.in-basket.jp/

３冊の問題集を３回解く！

次に、インバスケット試験対策法ですが、残念ながら短期的に乗り越える試験ではないので、やはりトレーニングが必要です。
「コツは何ですか」と研修などで聞かれます。たしかに細かい部分で言えばテクニカルなものはいくつかあります。筆記用具の選び方やメモの取り方、机の上のものの配置の方法など、ごく小さなことです。

しかし、合格するためのポイントが10あるとしたら、そういうレベルのコツで稼げるのは１割程度です。やはり実力が９割です。コツとは、回答の表現方法や問題の読み方、あるいは慣れという部分でしかありません。
私のYouTubeチャンネルに、私自身がインバスケット問題を解いている様子があるので、興味があればご覧ください。

ようするにコツで乗りきれるものではないということです。ですから本書では、あなたの実力を上げる９割の部分に重点を置いています。
あなた自身の管理職としてのスキルや能力を伸ばす、というより、あな

たが管理職になるために足りない部分を３つほど改善することが、効果のある対策と言えます。

　実際のトレーニングの進め方ですが、初心者なら、まず本書や『究極の判断力を身につける　インバスケット思考』など初心者向けの書籍を読み、インバスケットを軽く体験してみることです。
　ただし、書籍を読むだけでインバスケットができるとは思わないでください。ここで多くの人が失敗しています。
　実際に試験本番のようなインバスケット問題集３冊以上を３回繰り返して解くトレーニングをしてください。

　実はインバスケットのトレーニングで一番つらいのは、ここです。なぜなら、インバスケット問題は１冊60〜90分の時間で回答し、付属のチェックシートで自分の答えと照合します。つまり、１冊の問題を解くのに２時間以上かかるのです。
　しかも、かなりの集中力を使うので頭が疲れます。ですから試験１週間前に集中してやろうなどと考えないほうがいいのです。

　以上から、インバスケットの試験を突破するには、「計画表」をつくる必要が出てきます。
　おそらく受験される方は、ほかのアセスメント試験も同時期に受けることでしょう。インバスケットに合格する人の多くは、試験日を告知される前からトレーニングを行っています。
　もし試験日を告げられてから勉強するのであれば、今から逆算して勉強の計画をつくりましょう。試験直前に詰め込んだ勉強をしても、不安だけがふくらんでうまくいかないものです。

まとめ
まずはスケジュールを立てることが大事。

第 2 章

インバスケット試験の
受験が決まったら
何をするか？

イ ンバスケットは、資格試験や入学試験とは
根本的に違いますが、受験の準備や心構え
についてはほぼ同じです。必要な情報を集め、よ
き先生を見つけ、勉強時間をつくって、試験当日
に持てる力をフル活用できるように準備します。

社内外から正確な情報を集める

　さて、ここからはインバスケットの受験が決まったら何をするかの話です。まずは情報を集めること。どういう情報を集めるか、そのポイントは、次の3つです。

①受ける試験の内容

　あなたが受験する試験の内容に関する情報は、合否に大きな影響を及ぼします。

　試験内容を勘違いして勉強したために当日、愕然とすることも多いものです。とくに私のもとには、

「インバスケットを勉強したが、実際はケーススタディだった」

「試験内容が過去問とまったく異なっていたので、そこをこなしてきたけど意味がなかった」

などの声をいただくことが多くあります。

　試験を実施する人事部門からの情報に加えて、過去に受験された方々から、試験の傾向を詳しく聞いておいてください。試験時間や形式、案件数、回答形式などがわかればベストです。

②教材と勉強方法

　最近は、ネットで検索するとさまざまなインバスケット教材が匿名で出品されていたり、インバスケット合格法という内容で情報が販売されています。すべてがデタラメとは言いませんが、私から見るととんでもない情報がまことしやかに多数発信されています。

　情報は出所がとても大事です。受験者の体験談としてとらえる程度なら問題ありませんが、それを信じ込んで、それ一辺倒で取り組まないようにしてください。

③受けられるサポート体制

「インバスケット試験を受けることになったのですが、誰かに相談できないでしょうか」
と上司にでも、まずは相談してみてください。

　会社によっては社内で勉強会が開かれていたり、昇格試験に役立つ外部研修への参加費用を補助するなどの制度を設けていることがあります。

　私も昇格試験のときには、少し大げさに社内で支援を要請しました。すると別部署の上司から情報をもらえたり、別事業部の勉強会に混ぜてもらえたりなど、ありがたいサポートをしてもらいました。

　情報は多いほうが助かるわけですが、一方で質にも注意してください。今はネットでさまざまな情報が手に入りやすいのですが、専門家の私から見ると「それは逆効果だろう」と思われる勉強法や回答の書き方などが、多数掲載されています。

　ですから、正確な情報をつかむためにも裏づけを取ることは大事です。

> **まとめ**
> 社内外から正確な情報を集める。

問題集を中心に 教材を集める

　先の項でもお話しした通り、本書を読んだだけではほとんど上達しません。そこで、第4章で掲載している問題を実践し、あなたの回答と解説を比べるなど、実践的なトレーニングがおすすめです。

　インバスケット教材と言っても、テキスト形式になっているもの、ドリル形式になっているものなどがあります。

　まずは、参考書などで問題形式を知っていただき、そのうえで問題集を手に入れて最低3冊は解いてみてください。インバスケットの力を最も上達させるのは問題集だからです。

　初めて受験する人は、いきなり試験本番と同じレベルのものに挑戦すると、逆に自信をなくす恐れがあるので、まずは簡単なものから始めて、徐々にレベルを上げていってください。

　私も最初に受験したときの問題はとても難しく、ほとんど回答が書けなかったことから、インバスケットそのものの勉強がいやになりそうでした。

　インバスケットはゲームと同じです。最初はクリアしやすいものから進めていくほうが、結果的に実力がついていきます。インバスケットは、部長や課長などの階層によって難易度がかなり違ってきます。

　また形式も異なるので、できるだけ試験本番の情報を集めて、それに合わせた難易度や時間、形式などの教材を手に入れてください。

　中には古い問題を歴代で受け継いでいる人がいますが、できれば最新の問題を手に入れたほうがいいでしょう。

　そして、これもよく質問を受けるのですが、試験を受ける形式がWEBや選択式であっても、私はまず記述式のインバスケット問題を実践することをおすすめしています。

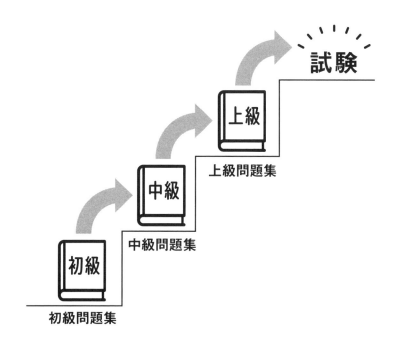

初級問題集

中級問題集

上級問題集

試験

　なぜなら、記述式のインバスケットを練習しておけば、ＷＥＢや選択式などは回答形式が特殊なだけなので、すべてに対応できるからです。これが逆の場合は、なかなか対応できません。

まとめ
本を読むより問題集を少なくとも３冊は解いておく。

弱点を指摘してくれる
先生を見つける

インバスケットは、一人で勉強するよりも指南役がいたほうがはるかに上達します。一人でもチェックリストなどを使えば抜け漏れを把握することはできますが、一人では学べないことがあります。

例えば「視点」です。立場が変われば視点が変わります。しかし、インバスケットを勉強する人の多くが、まずは今の視点、つまり現場視点で物事を見て、解決したり判断したりします。

この行動は、インバスケットでは取ってはいけないものの一つです。なぜなら、インバスケットは上位職になりきるものだからです。

また、インバスケットはマネジメント力の幅を広げることができます。例えば、部下との接し方ですが、部下がまだいない人は、引き出しがあまり多くないでしょう。

上司や先生が取るさまざまな方法を知ることは、インバスケットのスコアを伸ばす方法なのです。

先生は、直属の上司以外でも大丈夫です。むしろ、そのほうがいいかもしれません。なぜなら、一人の上司よりも、複数の上位職の人から学ぶほうが、さまざまな視点を学べるからです。以前の上司や他部署の上司でもいいでしょう。

ただし、直属の上司からすると快く思われないことがあるので、まずは直属の上司に依頼してみて、もし断られたら別の上位職の知見も吸収したい旨を告げて動くことをおすすめします。

公開型セミナーに参加する方法もあります。これにはインバスケットの知見を持っている講師を選んで、できれば公開型（他業界の人も参加している）に参加してください。同じ業界だと、慣習などが似通った枠組み内での意見交換になりがちだからです。

　会社によっては、そのようなセミナーに参加する費用を補助していると
ころもあります。それがあるなら、積極的に活用しましょう。

　研修に参加する場合は、講師にわからないことは積極的に質問するとい
いでしょう。そして回答を見せてもらい、アドバイスをもらえる機会があ
ればそれを活かします。

　指摘やアドバイスされる部分は、あなたにとってあまり聞きたくない耳
の痛い話かもしれませんが、それこそがあなたの飛躍のチャンスになるの
は間違いありません。

　他人からフィードバックをもらうという行動は、少し勇気がいりますが、
インバスケットに合格する人の多くが取っている行動だということを知っ
ておいてください。

> **まとめ**
> 書いた回答を上司や先輩に見てもらい、フィードバックを受ける。

試験場で
実力を発揮できるようにする

　インバスケットで最も残念なのが、トレーニングをして実力をつけても、本番でうまくその力を発揮できないというケースです。

①緊張

　本番の会場で緊張して頭が真っ白になって、十分に考えることができなかったというケースはよく聞きます。また、緊張のあまり回答欄を書き間違えたり、優先順位を回答欄に入れ忘れてしまうこともあります。

②体調不良

　寝不足や腹痛などで試験に集中できない人は少なくありません。事前にトレーニングを重ねて実力を100%に近づけていたのに、体調不良で半分しか発揮できないということがないようにしたいものです。

③環境

　本番の環境・状況に慣れておくことは大事です。試験会場は静かなようでいて、ふだんは見ない数の人がすぐ近くに大勢います。すごい勢いで筆記用具を走らせ、カリカリと音がします。人の気配も含めて意外とザワザワしています。

　それらの音が圧迫感となり、心理的にやられてしまいがちです。

　そういう状況に慣れておくためにも、本番の環境に近い経験をしておくことです。例えば、模擬試験や研修には参加しておいたほうがいいです。

　勉強は、大勢がいる場所でもしてみてください。図書館やレンタルス

ペース、カフェなどで一人きりで勉強ばかりしていると、いざというとき
に面食らうことになります。

④制約時間

　一人で勉強するときでも、タイマーは必ず用意してください。試験会場
では、制限時間のストレスがかなりかかります。ふだん時間を計らずに勉
強する人がいますが、試験場で「残り５分です」などと言われてパニック
になる人もいます。常に時間を意識しながら問題を解く習慣をつけておき
ましょう。

⑤会場

　緊張しやすい人は、実際の会場を下見しておいたほうがいいです。当日、
道に迷うとか駅から思っていた以上に時間がかかるなど、不測の事態を防
げます。会場を見られるなら、それをイメージしてトレーニングもできる
ので、安心もできます。

　そうすると、ほかの受験者よりも少し有利な気がして（実際のインバス
ケットのスコアには関係ありませんが）心理的安全性のようなものを少し
持つことができます。

⑥心理的悪影響

　本番の環境に慣れるというほどではありませんが、試験の当日や直前は
仕事のメールなどは見ないほうがいいでしょう。私は、講演や研修の登壇
前には見ないことにしています。読んだことで気持ちが不安定になったら
困るからです。

　試験直前は、気持ちがリラックスする写真などを見るほうがいいです。
持てる力を本番でいかんなく発揮できるように準備しておきましょう。

まとめ

**インバスケットはストレスを感じるものなので、緊張しやすい人は
本番に慣れておくことが大事。とくに時間経過の感覚を持つように。**

有休を取ってでも
まとまった勉強時間をつくる

　試験本番は時間との戦いですが、対策のための勉強も時間との戦いです。

　勉強は問題回答を実践するのが最良ですが、その問題は60分から90分の制限時間です。生活の中の隙間時間を使おうとしても、なかなか実施するのが難しいのです。

　すると、ほかの勉強が先行して、試験直前になってインバスケットの勉強を駆け込みでやらなければならなくなる人が多くいます。このようにバタバタしないように、まとまった勉強時間をつくる必要が出てきます。

　そうは言っても、この試験を受ける人は今の段階でも組織の中心にいて、忙しい日々が続いていることでしょう。そこで、私が実践した時間のつくり方を３つ紹介しますので、参考にしてみてください。

①みんなに協力してもらう

　みんなという表現を使いましたが、具体的には職場と家族・友人に根回しをしました。

　職場には、「昇格試験を受けることになり、勉強するので協力してほしい」と伝えます。

　これだけでも、定時に退社しても白い目で見られなくなります。まわりからの仕事依頼も減ると思います。心優しい上司は、

「今は業務が少ないから、午前中に勉強したらどうだ」

と声をかけてくれました。業務時間中に勉強が公認されればラッキーです。

　家族と一緒に住んでいる人は、職場での協力要請と同じように声がけしておきます。家族の協力がないと試験勉強も合格も非常に難しくなります。インバスケットは、ある程度集中できる環境が必要だからです。

　友人にも試験を受けることになったことを伝えておくと、期間中は配慮してくれるでしょう。「付き合いが悪くなった」などと言われることもありません。誘惑的な誘いも自重してくれるはずです。

「試験を受けることになったので真剣に勉強したい」とまわりに伝えておくと、貴重な時間が奪われにくくなることは確かです。

②有給休暇を取る

　休暇は取りにくいという人もいるでしょうが、有給休暇はぜひ活用してください。「みんな忙しそうにしているのに、有休なんて取れない」というコメントが私のYouTubeチャンネルにもありました。

　もちろん、そうなのでしょう。でも、あなたが試験に合格したいなら、そんな状況であっても勇気を出してほしいのです。

　先に説明した通り、インバスケットの合格率は非常に低く、熾烈な競争です。その状況から一歩抜け出すには、通常のやり方では通用しないと思ってください。

　ライバルは1週間ほど休みを取って勉強しているかもしれません。私のプレミアムセミナーは通常、水曜日に開催していますが、遠隔地から数日休みを取って参加する人もいるほどです。1日の休みが無理なら、半休でも取るようにして時間を確保したいものです。

③生活リズムを変える

　私の受験勉強時間は早朝に集中させていました。通常は朝6時に起きていましたが、そのころは4時に起きて勉強にあてました。深夜に勉強する人も多いですが、夜は仕事の疲れが残っていたり、誘惑的なテレビ番組があったり、飲酒してしまったりするので、私ははかどりませんでした。

　それが早朝型にリズムを整え直すと、頭が活性化し、学習効果も高まりました。

　早めに眠り早めに起きて勉強するリズムは、絶対におすすめです。

　まとめ
　有休・早退を使ってでも時間をつくって勉強のスケジュールを決める。

第 **3** 章

インバスケットには
どういう問題が出るのか？

　　イ　ンバスケットに択一式の出題はありません。
　　　　ある架空の組織の運営上の一断面をいくつ
も見せられ、それらを案件として順序立てて手際
よく処理していかなければなりません。高度な実
地能力が試される論述式です。

インバスケットの
問題用紙を見てみよう

案件の状況、組織図、数値資料が配られる

　さて、これからインバスケット問題に取り組むにあたり、必要最低限のことを先にお伝えしておきます。

　まず、問題の中身についてです。インバスケット問題は、紙ベースなら「問題用紙」と「回答用紙」に分かれています。まれに問題用紙と回答用紙が一緒になっていることもありますが、構成としてはこの2つです。

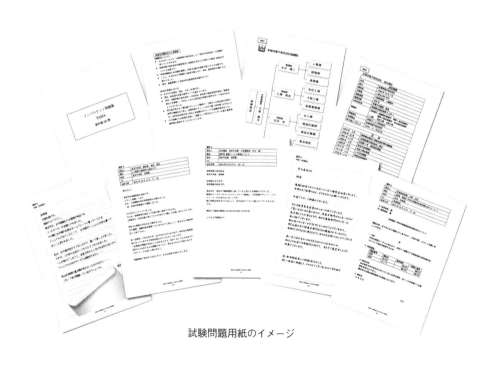

試験問題用紙のイメージ

意思決定シート

氏名 [   ]

あなたが最適と考える判断・行動を下記の各案件の欄に記入し、
必要であればその理由などをすべて書き込んで下さい。

案件 ＿＿＿＿ 処理内容 回答欄	右の空欄に案件処理の順番 （優先順位1~20位）を記入して下さい	
（処理内容）		

案件 ＿＿＿＿ 処理内容 回答欄	右の空欄に案件処理の順番 （優先順位1~20位）を記入して下さい	
（処理内容）		

案件 ＿＿＿＿ 処理内容 回答欄	右の空欄に案件処理の順番 （優先順位1~20位）を記入して下さい	
（処理内容）		

案件 ＿＿＿＿ 処理内容 回答欄	右の空欄に案件処理の順番 （優先順位1~20位）を記入して下さい	
（処理内容）		

回答用紙のイメージ（A4サイズ）

問題用紙は「あなたの置かれている状況」が書かれたストーリーや背景部分と「組織図や数値資料」、そして実際にあなたが処理する「案件」と呼ばれる問題部分に分けられます。

「あなたが置かれている状況」は、これからあなたが主人公の立場になって判断するものなので、よく理解しておくことです。

「資料」は、10枚ほど入れられていて、これらはもちろん重要なのですが、必要以上に時間をかけて読み込まないでください。これは案件を判断したり処理したりするときに使う補足的なものです。ときには、案件処理に使わない資料が入れてある場合もあります。
　少し不思議に思うかもしれませんが、これは管理職として処理しきれない情報量の中で、あなたが適切に情報を取捨選択できるかを試すためのものです。
　しかし、常に使う資料もあります。組織図はよく使うので、常に見られる位置に置いておくといいでしょう。ＷＥＢ版で受験するときは、できるだけ見やすいところに表示しておくと便利です。

回答用紙の記入方式は決まっていない

　回答用紙は、試験実施機関によって形式が異なります。回答方法が書かれているので、よく読んでそれに従ってください。
　とくに優先順位をつけたり重要度をつけたりするなど、実際の処理を書く欄以外にも記入欄があったりするケースもあるので注意してください。
　まれに白紙にすべての案件に対して指示を書くなどの形式もあります。

　本書第４章の演習問題には、回答用紙をつけていないので、41ページの回答用紙をイメージして各自ノートに回答を書いてみてください。

インバスケット問題の進め方

時間配分が勝負の決め手になる

インバスケット問題の処理方法についてお話しします。60分で20案件を処理すると想定しましょう。

まず時間配分を決めることが大事です。決め方は、重要な部分から進めていって逆算する方法を使います。つまり「回答を書く」ことが最も大事なので、書くことに最大限の時間を使うようにします。

時間配分を決めないと、試験開始から問題を読み込むことに、だらだらと時間を使うことになり、あっという間に時間が経って、書き込む時間がなくなります。回答がほとんど書けない状態で試験終了という最悪の事態に陥ります。

回答を書き込む時間は、最低でも全体の半分は確保してください。今回は制限時間が60分なので30分になります。しかし、これでも回答に使える時間は厳しいので、40分は取りたいところです。

40分回答を書く、つまり案件処理に時間をかけるということは、残りの20分間で問題を読んで優先順位をつけるということです。

最初は難しいと思われるかもしれませんが、練習を重ねることで時間配分、時間設計ができるようになります。

全貌を見渡してから処理順を決める

よく受ける質問に、「先にすべて読んでから案件処理に入ったほうがいいのですか?」というのがあります。みなさんだったら、どのような処理スタイルを取りますか?

（Ａ）すべて読んでから順番をつけて処理を始める
（Ｂ）読みながら処理を進める
（Ｃ）簡単に処理できそうなものから始める

　これは仕事のスタイルを観察するうえで、評価者が興味を持つ部分なので、あまり伝えたくないのが本音ですが、（Ａ）の方法をおすすめします。なぜ、すべて読んで順番をつけてから処理に入るのがいいのか？
　理由は次の３つです。

①時間が足りなくなるから

　インバスケットは、すべての案件を精度高く処理できる時間設定にはしていません。そのため最初から処理をしていくと、最後に重要なものがあった場合は、捨ててしまうことになります。

②重要度を見極める必要があるから

　インバスケットでは、限られた時間でより重要な結果が出る仕事力を求められます。ですから興味があるものや得意な仕事を優先するよりも、その仕事の影響力の大きさや、処理できなかったときの損失の大きさなどを考えて順番をつけなければなりません
　タイトルに興味をそそるような案件があったとしても、「影響度」と「緊急度」を基準にして冷静に振り分けていきましょう。

③全体を把握しないと判断できないから

　インバスケットの案件は、それぞれが独立しているわけではありません。すべて関連しています。ですから、全案件の内容を把握し、全体の流れを理解してから順番を決めないと、短絡的な判断をして大失敗してしまうことになります。
　実際の仕事でもそうですが、手近なところからすぐに処理していきたい気持ちを抑えて、まずは個々のタスクを洗い出してから優先順位をつけて処理するようにしてください。

ルールを守らないと
無効になる

インバスケットはゲーム性があるので、そこにはルールが存在します。このルールを無視すると、素晴らしい回答を書けたと思っても無効になってしまうので、ぜひ頭に入れておいてください。

①主人公になりきる

今のあなたの立場で物事を見るのではありません。与えられた役職になりきることが大事です。現在は部下がいなくても、部下がいるという設定であれば、そのリーダーになりきって考えなければなりません。

また、主人公になりきるということは、傍観的な回答をしてはいけないということです。案件の主人公はどうするべきかと考えて書く人がいますが、それよりも自分だったらどうするかという視点が大事です。

②判断の結果よりも根拠が大事

先にも書いたように、インバスケットはどのような判断をしたかという結果を評価するテストではありません。その結果を出した理由や経緯を評価するものです。

判断を下した経緯をプロセスと言いますが、ここがとても重要です。何を問題視して、どのような情報を使って、どのように判断したのか。そこが評価の対象となるのです。

残念なことに、この部分を省略したり、別のメモに書く人が多いのですが、回答用紙に書かないと評価できないので気をつけてください。

③回答を書かなければ評価されない

インバスケットは、回答欄に書かれた回答しか評価されません。問題用紙のほうやメモ（評価対象ではない用紙）に素晴らしい内容の回答が書かれていても評価されません。

研修では、この評価されないスペースに評価に値する回答がたくさん書かれているケースをよく見かけます。

　あわせて、慎重に判断するタイプの人は、読み込むのに時間がかかりすぎる傾向があり、回答に到らないという悩みを聞きます。

　気持ちはわかりますが、書かれた回答しか評価されないというルールを守って、とにかく回答欄に書くことを優先してください。

④与えられた情報で判断する

　インバスケットは、不安定な状況で判断するように設計されています。少ない情報、部下からのあいまいな報告、不明瞭な組織配置や外部環境という状況設定なのです。

　このような状況下では「情報が足りない」「設定がわからない」と思う人もいます。

　現実に、「これだけの情報では判断できない」と回答する人がいますが、それでは評価されません。情報が揃っていないから判断できないという言い訳は通用しないのです。

　業務の現場を見渡してみれば、管理職の仕事というのは、十分判断できる情報が揃っていない中で判断せざるを得ないケースは多々あります。

　そういう現実を見据えて、与えられた不安定な限定情報しかなくても、リーダーとしてどのような判断をし、解決策を見いだして行動するかという思考を持ってください。

　以上が、守ってほしい重要なルールというわけです。試験問題の冒頭にも上記と同じようなルールや試験の進め方が書かれています。焦る気持ちを抑えて、これらをよく理解しておいてください。

短時間で案件に優先順位をつける

インバスケットでは、設問に答える優先順位をつけることが求められます。設問として「どの案件が優先順位が高いか？」と直接問われる場合もあれば、各案件に優先順位やランクをつけることを求められる場合もあります。

中には、設問としては優先順位を聞かれない場合もありますが、それはあなたが処理した案件の順から、どの案件に優先順位を高く設定しているかを見ているということです。

なぜ優先順位を評価するのかと言うと、現実に管理職になった場合、処理しきれないほどの案件や仕事が降りかかることが予想され、その中には可及的速やかに処理しないと、組織に大きな影響を及ぼすものが含まれているからです。

インバスケットに限らず、どのような組織でも、どのような業務内容でも、管理職には常に優先順位をつけて職務を遂行することが求められているのです。

優先順位のつけ方については、「緊急度」と呼ばれる時間の軸に加えて、「重要度」と呼ばれ、その仕事を処理しないことによって生ずる損失の大きさを考えます。

ポイントは、案件すべてに順番をつけることよりも、優先順位の高い案件を全体の２割ほど選び、その中で順番をつけることです。逆に、優先順位の低い案件を後回しにしようという意図でそれをピックアップすることに力を入れても、そもそも優先順位が低いものには審査の目がいきません。

実際の評価も、優先順位の高い３～７案件までがよく使われます。ですから、優先度が高いと判断した１位から５位くらいの案件グループと、そ

うでないグループの2つに、まず分けてしまいましょう。

　本来ならば、マトリクスなどで各案件の位置づけを決めるのがいいのですが、試験本番ではそのようなことをしている時間的余裕はないので、まずはわかりやすく2つに分けてしまうのです。

　この優先順位をつけるまでの作業を、43ページでは20分／60分と書きましたが、慣れてきたら4分の1（15分）くらいに抑えてください。

　本書に掲載している問題の優先順位設定の解説はのちほど行います。

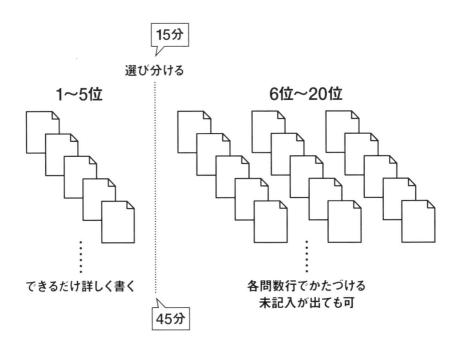

サッと選んで緊急度・重要度の高いものに時間を使う

IN-BASKET

回答は口語体で書いていく

　回答の書き方は、試験実施機関の指示に従うという大前提がありますが、ほとんどは「口語体形式」で書くか「箇条書き型式」で書くかです。私は受験生には、とくに指示がなければ、口語体で記入するようにアドバイスしています。

　口語体と箇条書きの違いをまとめておきましょう。

・口語体──**対面している相手に語りかけるように書く**

（例）　○○さんへ

　　　　連絡いただいてありがとう。

　　　　とても助かります。

　　　　リスク管理上詳しく知りたいので着任後打ち合わせをさせてください。

・箇条書き──**やるべきことをリストアップするように書く**

（例）　○○へ感謝の言葉を伝える

　　　　詳細情報を得るために打ち合わせを打診

　私が口語体をすすめる理由は3つあります。

①評価されやすいから

　先に述べたように、インバスケットは判断に至るまでの経緯やプロセスを評価します。箇条書きだと、その行動は評価者に伝わるのですが、行動の背景や根拠が飛ばされやすくなります。

　口語体は相手に直接伝えるものなので、根拠や背景が回答に自然ににじ

み出てくるのでおすすめしているのです。

　もちろん口語体でも判断の結果を端的に伝えるにすぎないものであれば、メリットはありません。

②ヒューマンスキルが表現しやすいから

　ヒューマンスキルとは、配慮や労いのことです。あなたがまわりに対して、どのような配慮をしているのかは、実際の伝え方に表れるので、評価されやすくなります。箇条書きではこの部分が欠落しがちです。

③書きやすいから

　ふだん箇条書きでまとめる習慣がない人は、箇条書きをするときに考え込むことが多いのです。ルールのところでお話ししたように、インバスケットの回答は書いたことだけが評価の対象になるので、いつも使っているメール文に近いほうが書きやすいでしょう。

　箇条書きだと、頭が整理しやすいし文字数も少なくてすむなどのメリットを感じている人もいるでしょう。最終的には自分の書きやすい方法で書くということでいいのですが、トレーニングをするときには、どちらかに統一して、本番であなたの素晴らしい部分が最大限表れる回答方法で練習してください。

　また、あなたが受ける試験のスタイルに合わせて、第4章の演習問題では、ペンを持って回答を書くことをおすすめします。

　ＷＥＢ形式で受ける人はキーボードを使って打ち込んでもらって結構ですが、記述式で受ける人は大変でも実際に手書きで書いてみてください。

　記述式の場合はとくに、手が疲れてしまって頭に浮かんだ内容を書ききれなくなるということがあります。それは残念なことなので、実際に書く練習を重ねて慣れておきましょう。

第 4 章

まずは演習問題を
体験してみよう！

こ こには、とある会社の経営状態の説明と、
管理職（主人公＝あなた）の状況説明、そ
して20の未処理案件が書かれています。実際のイ
ンバスケット試験とほとんど同じです。まずは挑
戦してみましょう。

受験者の方へ

　この演習は、制限された時間の中で、これから発生する出来事を、あなたならどう乗り切るかを、主人公の立場で回答していただくものです。

　あなたには制限された時間の中で、できるだけ多くの案件を処理することが望まれます。どの案件から処理をするかは、あなたしだいです。重要ではないと判断した案件は、無視することも必要かもしれません。

▶注意事項

① 60分間で優先順位が高いと思われる案件から処理していくことが重要です。

② ストーリー中には外部と一切連絡が取れないなどの、実際には起こりにくい環境設定があるかもしれませんが、これはあなたの管理スタイルを評価するための設定と理解してください。

③ この問題に登場する人物・企業名などはすべて架空のものです。

▶回答方法

① あなたの取った判断・行動などは、別紙の意思決定シートにすべて書き込んでください。

回答の記入方法、指示の表現方法や文字の丁寧さなどはスコアに影響しません。

ただし第三者が見て、あなたがその意思決定をした理由や、アクションの理由がわからないと考えられるときは、補足説明をつけ足しましょう。また、判断や行動の要因となった資料や、他の関連案件があれば、それも記入してください。

② 案件の優先順位を決定するにあたり、緊急度と重要度を考慮し、その案件の優先順位を、意思決定シートの指示に従い右上の空欄に数字で記

入してください。

複数の案件に同一の数字を記入すると無効となりますので、注意してください。

あなたの置かれている状況

　あなたにはこれから60分間で、関東を中心に全国に展開する業界最大手の家電量販店「株式会社西野無線」の尼西店店長の役割を演じていただきます。

　西野無線は圧倒的な品揃えと全国短期配送システムに強みを持ち、全商品無料配送サービスで安定的な成長を遂げてきました。ただ、昨今はライバル企業との競争激化やネット通販会社の参入で、売上は下降傾向に転じています。

　あなたは「椎名雅彦」。現在、千葉木更津店で副店長を務めています。13年前に入社して以来、店舗の販売担当として主にオーディオや家電部門を経験し、メーカーとタイアップした販売企画や販売マニュアル作成に積極的に取り組み、店舗の業績向上に貢献してきました。その功績が評価され、2年前に副店長に昇格し、現在では管理業務も行っています。

　ところが今日、店長から突然呼び出され、人事異動を伝えられました。

椎名君、突然で申し訳ないのだが、明日9月18日付で兵庫県の尼西店の店長として着任してほしい。私も今日聞いたばかりなのだが、尼西店の杉内店長が、9月14日にくも膜下出血で倒れ、現在も集中治療室で治療中だそうだ。容体は思わしくなく、長期の治療が必要で復職は難しいらしい。

　君も知っての通り、尼西店は関西の基幹店であるが、ライバルのTOP電気が出店後、苦戦を強いられており、このまま店長不在が続くと、会社全体の業績にも大きな影響が出る恐れがある。

　そのような中、営業本部長から、若手で部下育成手腕に優れた君がほしいとの要望が来た。1日も早く尼西店店長として着任し、業績回復を目指すようにとのことである。

　君の後任は田口君が務める。彼とすぐに引き継ぎを行い、その足で尼西店に向かってくれ。また、明日からの全日本家電流通組合主催の海外メーカー新製品合同研修には、予定通り参加するようにとのことである。

あなたは、すぐに田口と簡単な引き継ぎを行い、尼西店に向かいました。しかし、尼西店に到着したのは22時30分になるころで、すでに全従業員が退社しています。そのため、千葉木更津店店長を経由して受け取った尼西店のカードキーで入り、事務所に向かいました。

　ただし、23時40分には自動警備システムが作動するため、23時30分にはこの部屋を出なくてはなりません。

　もう一度確認します。

　現在の日時は20××年9月17日（木）22時30分です。

　あなたは、この部屋を23時30分には出なければなりません。つまり60分の間に案件を処理しなければなりません。

　また、以前から決まっていた研修に参加するために、9月18日（金）から9月21日（月）まで尼西店に出勤することはできません。

　なお、研修参加中は外部との連絡を一切とることができません。

　以上の自分の置かれている状況を把握したうえで、これからの案件処理にあたってください。

社名	株式会社西野無線
代表者	代表取締役社長西野正一
設立日	1963年4月1日
資本金	102億5000万円
本社所在地	東京都新宿区新宿9-7-5
事業内容	家電製品・情報通信機器を中心とした小売り、配送、修理事業
従業員数	6946名（パート・アルバイト含む20XX年4月1日現在）
事業所数	全国に33店舗、流通センター3カ所
主要取引先	一葉電工㈱、ワンヘル、モルゲンロード㈱、タバタ空調㈱ほか

西野無線尼西店店舗概要（社外秘）

所在地	兵庫県尼西市梅野町3丁目4-4
開店日	1997年10月1日
年商	約20億3000万円
営業時間	10時〜22時
定休日	なし（臨時休業日を除く）
駐車場台数	20台（有料）
店舗の特性	尼西駅より徒歩1分、地上5階建て、業務用エレベーター1基 客用エレベーター2基、客用エスカレーター上下完備
競合店	ＴＯＰ電気尼西店
主要取引先	一葉電工㈱、ワンヘル、モルゲンロード㈱、タバタ空調㈱ほか

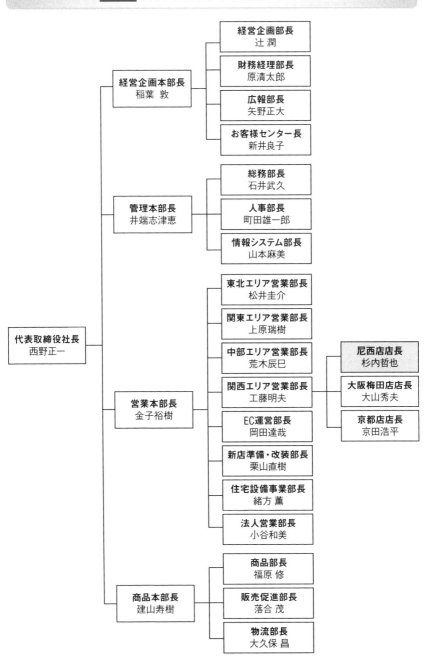

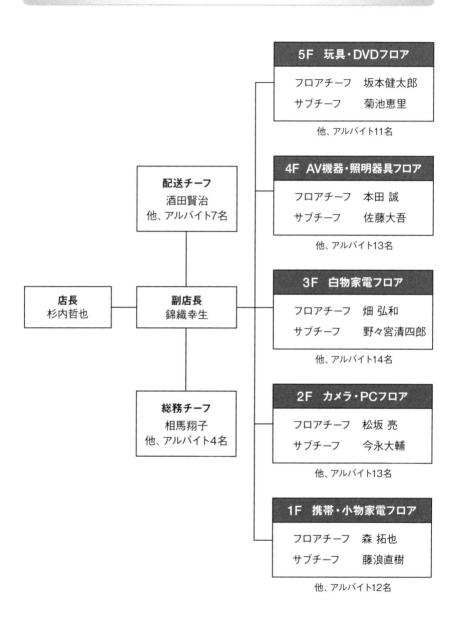

5F 玩具・DVDフロア

フロアチーフ	坂本健太郎
サブチーフ	菊池恵里

他、アルバイト11名

4F AV機器・照明器具フロア

フロアチーフ	本田 誠
サブチーフ	佐藤大吾

他、アルバイト13名

3F 白物家電フロア

フロアチーフ	畑 弘和
サブチーフ	野々宮清四郎

他、アルバイト14名

2F カメラ・PCフロア

フロアチーフ	松坂 亮
サブチーフ	今永大輔

他、アルバイト13名

1F 携帯・小物家電フロア

フロアチーフ	森 拓也
サブチーフ	藤浪直樹

他、アルバイト12名

配送チーフ
酒田賢治
他、アルバイト7名

店長
杉内哲也

副店長
錦織幸生

総務チーフ
相馬翔子
他、アルバイト4名

資料4　尼西店 営業概況

（単位：万円）

	3年前	2年前	1年前
売上高	209,420	207,535	202,762
対前年比	100.3%	99.1%	97.7%
売上目標達成率	101.1%	95.6%	95.3%
粗利益	46,072	42,737	40,976
経費合計	42,018	42,701	43,332
営業利益	4,054	36	-2,356

資料5　尼西店 昨年度フロア別売上表

（単位：万円）

	売上高	対前年比	売上目標達成率
携帯・小物家電フロア	30,663	100.7%	97.1%
カメラ・PCフロア	35,338	99.1%	92.4%
白物家電フロア	54,708	108.0%	110.9%
AV機器・照明器具フロア	51,577	89.2%	91.0%
玩具・DVDフロア	30,476	92.4%	98.4%

資料6 尼西店 過去のフロア別売上高・粗利益・粗利率

（単位：万円）

		3年前	2年前	1年前
携帯・小物家電フロア	売上高	21,837	30,446	30,663
	粗利益	6,607	9,408	8,543
	粗利率	30.3%	30.9%	27.9%
カメラ・PCフロア	売上高	40,563	35,648	35,338
	粗利益	8,194	6,809	7,677
	粗利率	20.2%	19.1%	21.7%
白物家電フロア	売上高	50,323	50,636	54,708
	粗利益	9,813	7,854	7,213
	粗利率	19.5%	15.5%	13.2%
AV機器・照明家具フロア	売上高	58,900	57,822	51,577
	粗利益	12,840	10,986	9,954
	粗利率	21.8%	19.0%	19.3%
玩具・DVDフロア	売上高	37,797	32,983	30,476
	粗利益	8,618	7,680	7,589
	粗利率	22.8%	23.3%	24.9%
合計	売上高	209,420	207,535	202,762
	粗利益	46,072	42,737	40,976
	粗利率	22.0%	20.6%	20.2%

資料7　尼西店 経費管理

(単位：万円)

	4月度		5月度		6月度		7月度		8月度	
	実績	対予算比	実績	対予算比	実績	対予算比	実績	対予算比	実績	対予算比
人件費	1,648	99.9%	1,652	100.1%	1,647	99.8%	1,605	97.2%	1,561	94.6%
採用・教育費	36	90.2%	39	97.5%	51	127.4%	58	145.6%	63	157.5%
交通費	80	100.0%	81	101.1%	76	95.5%	75	93.7%	71	88.7%
通信費	69	85.7%	71	88.1%	68	85.9%	70	87.7%	72	90.3%
事務消耗品費	42	86.9%	45	90.4%	46	92.3%	47	93.0%	46	92.6%
設備費	784	110.1%	771	108.3%	789	112.2%	801	115.4%	835	118.4%
その他経費	1,007	100.2%	1,124	99.7%	1,225	100.9%	1,401	98.3%	1,454	99.9%
経費合計	3,666	101.5%	3,783	101.1%	3,902	102.2%	4,057	100.9%	4,102	101.0%

※「その他経費」には水道光熱費や配送費などが含まれます

資料8　市場伸長率

(単位：%)

	2年前	1年前	本年	1年後予想	2年後予想	3年後予想
携帯・小物家電	100.5	110.2	115.3	120.0	120.0	125.0
カメラ	90.2	95.1	100.8	100.0	105.0	105.0
PC	100.9	98.8	97.9	98.0	100.0	100.0
白物家電	100.3	98.7	98.1	95.0	92.0	92.0
AV	95.8	97.8	101.7	102.0	100.0	98.0
照明機器	98.1	100.2	101.8	100.0	99.0	100.0
玩具	90.5	98.4	97.1	95.0	95.0	95.0
DVD	80.4	95.5	90.9	95.0	90.0	85.0

差出人	関西エリア営業部部長　工藤明夫
題名	ご挨拶
宛先	尼西店店長　杉内哲也
ＣＣ	
送信日時	20XX年9月17日　21:30

前任の杉内店長宛のメールで失礼する。

あなたが本日尼西店に立ち寄ってくれると聞いてメールを送った。

私は本日所用で、直接君と話せないのが残念だ。

取り急ぎ、あなたへの期待を伝えたい。

尼西店はかつて当社の中で全国2位、関西では突出した売上を誇った基幹店舗だ。売り場面積あたりの売上では現在も全国1位である。

しかし、昨年ＴＯＰ電気が約2倍の面積の新型店を2キロ圏内に出店して以来、営業数値は目も当てられない状況になっている。

前任の杉内店長はコスト削減に力を入れたが、それ以上に売上が低下し最終利益が確保できるか微妙な状態である。

本社の中では、売り場を大幅縮小し、ワンフロアでスマホ関連や美容家電・ＯＡ小物などに集中し、効率化を図るという「家電コンビニ案」も出ているが、私は反対である。

わが西野無線はもともと白物家電が生業であり、それなくしては西野とは言えない。本社と意見が対立している状態である。

君はオーディオや白物家電が得意と聞いた。

何とかその経験を活かして、ＴＯＰ電気に対抗し売上を上げてほしい。

着任前で申し訳ないが、君の考えをこのメールの返信でよいので、表明してほしい。

案件２

差出人	尼西店ＡＶ機器・照明器具フロアサブチーフ　佐藤大吾
題名	お伺い
宛先	尼西店店長　杉内哲也
ＣＣ	
送信日時	20XX年9月14日　18:14

本日、照明機器陳列のため脚立を３階から借りました。

４階にも脚立はもちろんあります。

でも、今回のシャンデリアは大きくて２人で運ばなければ危険でした。

３階のアルバイトに「借りていくよ」と声をかけて借りたのですが、

３階のチーフから、血管をこめかみに浮き上がらせながら売り場で怒鳴られました。「デブチビ」とも言われました。

数人いたお客様にびっくりされ、私はとても恥をかきました。

フロアに設置してあるとはいえ、同じ店の備品を借りて、

なぜそこまで怒鳴るのか、どうしても理解できません。

うちのチーフに言っても事なかれ主義ですので、

店長には聞いておいてほしかったのです。

案件３

差出人	尼西店玩具・ＤＶＤフロアフロアチーフ　坂本健太郎
題名	ご承認いただきたい件について
宛先	尼西店店長　杉内哲也
ＣＣ	
送信日時	20XX年9月12日　18:05

お忙しい中、ご確認ありがとうございます。

当フロア従業員の清水がリーダーを務める「尼西店漫画倶楽部」から店内
掲示板にポスター掲示の依頼が来ています。

内容はまんがアニメ好きのための「アニメコン」という企画で、
来月22日に尼西の居酒屋で行われる完全着席型飲み放題つきの
飲み会のようです。

私は、店内にこのような内容のポスターは貼らないほうがよいと
思いますが、店長が同サークルの発起人になっていることもあり、
いかがしましょうか？

差出人	経営企画部部長　辻　潤
題名	[社外秘] 配送アウトソーシングご提案
宛先	尼西店店長　杉内哲也
ＣＣ	関西エリア営業部部長　工藤明夫
送信日時	20XX年9月15日　11:20

標記の件、ご提案申し上げます。

経営改革会議で新5カ年計画「スバル」を現在構想中です。

その中の骨子として、自社で担っていた業務を外部業者に委託し、
固定費を削減する計画を含んでいます。

一部の取締役からは、自社配送システムは西野無線のコアコンピタンスで
あることから、慎重な意見が出ていますが、

もし配送の外部委託が実現すると、年間コスト削減額は300億円以上
と試算しています。

すでに工藤エリア部長からご賛同いただき、貴店がモデル店舗として
選出されました。

この施策を取り入れれば、貴店の利益は年間700万円ほど改善される
試算です。

すでに尼西スピード運輸様から上記の企画にご参加の意思を
いただいています。

貴店配送チームについては、近隣の店舗への異動や店内部署への
配置転換となり、ここも当部署及び人事担当部署が全力でサポート
させていただく所存です。

取り急ぎ承認をいただきたく、9月17日までにお返事をお待ち
しています。

案件5

差出人	尼西店副店長　錦織幸生
題名	業務用エレベーター補修の件
宛先	尼西店店長　杉内哲也
ＣＣ	
送信日時	20XX年9月12日　17:42

本日、京阪神エレベーターの方がお越しになりました。

先日閉じ込め事故のあった商品搬送用の業務用エレベーターの件ですが、耐用年数はあと7年残っています。すでにパーツや部品が供給終了となっており、リニューアルが必要とのことです。

取り急ぎ、今も異音と異常振動が見られますので、準撤去リニューアルを行うということで、かご室・釣合おもり・制御盤・巻上機などの入れ替えを行うとのことです。

必要日数は3日。できるだけ早くとお願いした場合、9月20日からだと工事対応可能のようです。これがすぎると年内は難しいそうです。

工事費用はこのビルのオーナー負担ですが、工事期間は最悪の場合、営業休止にするか、客用エレベーターで商品を搬送するかの選択ですかね。

返信期限が19日ですので、店長から京阪神エレベーターにご連絡をお願いします。

案件6

差出人	関西エリア営業部部長　工藤明夫
題名	人事［案件］について
宛先	尼西店店長　杉内哲也
ＣＣ	
送信日時	20XX年9月11日　15:10

メールで失礼する。

昨日話をした「案件」だが、人事に確認を取った。

赴任先はシンガポールになるらしい。

現地では副店長として現地スタッフの教育と管理を主な業務として、

2年間は駐在してもらうことになる。

錦織君には君から内示を願う。

発令は来月10日の予定だ。

現地では25日着任を要望しているので、

ビザの申請などを考えると、早急に行ったほうがよい。

初の海外出店の副店長なので、実質は昇格である。

私も鼻が高い。きっと彼も喜ぶだろう。

差出人	株式会社エフエムにしのみや　番組制作部　荻野健太
題名	放送のご確認
宛先	尼西店店長　杉内哲也
ＣＣ	
送信日時	20XX年9月15日　13:26

ＦＭにしのみやの荻野です。いつもありがとうございます。
ご依頼いただいていた９月20日（日）「家電最前線捜索隊」の放送を
貴店で行うことが決まりました。
前回のように2階のイベントスペースをお借りし、仮設スタジオを
つくります。
タレントの清水けんじろうさん用の控室もご準備をお願いします。
今回はサイン会は行わない予定です。
放送時間は11時45分から30分間です。
店長さんと売り場の説明をできる方が必要となります。
台本は以前のバージョンから変わりました。
新台本を後日お送りするので確認、追加してください。

エフエムにしのみや　番組制作部
ディレクター　荻野健太

差出人	総務部部長　石井武久
題名	［通告］ペーパーレス化進捗報告について
宛先	ペーパーレス未報告店舗
ＣＣ	本社各本部長　本社各部長
送信日時	20XX年9月16日　11:33

ペーパーレス30プロジェクトがスタートして7カ月が経ちました。
6カ月目の進捗報告を各店に依頼しておりましたが、貴店から報告を
いただいておりません。
当件は、営業本部長からも全店長に発信されています。
各店での報告を徹底願います。

◎参考
帳簿電子化法が3年後に制定されるにあたり、一定期間保存を定めて
いる伝票類の電子化を進める目的で「ペーパーレス30プロジェクト」
が発足した。電子化システムを8億円かけて開発し各店に導入している。

案件9

差出人	尼西店携帯・小物家電フロアフロアチーフ　森 拓也
題名	休暇取得願い
宛先	尼西店店長　杉内哲也
ＣＣ	
送信日時	20XX年9月10日　17:28

お疲れ様です。

10月15日から11月3日まで有給休暇で、お休みをいただきます。

よろしくお願いします。

差出人	尼西店配送チーフ　酒田賢治
題名	本日の日報
宛先	尼西店店長　杉内哲也
ＣＣ	
送信日時	20XX年9月12日　16:37

報連相です。

本日の配送中に少し困ったことがありましたので、連絡します。

伝票番号TY20033654の神山様のお宅に洗濯機を届け、設置したのですが、引戸の開口寸法が1cm足りず、玄関を通りませんでした。

何とかパッケージを外し、部品を分解し、引戸を外して通しましたが、作業に1時間多くかかってしまいました。

最近導入した配送連絡システムがあるのですが、以前通りメモ書きで売り場から顧客情報が回ってくるので、やんわりとお伝えいただけないでしょうか?

ちなみに、売り場の忙しさはわかっているつもりです。

配送係は、売り場ががんばって販売してくれた商品を届けるのが仕事と思っていますから、たいていは何とかしますが。

差出人	尼西店ＡＶ機器・照明器具フロアフロアチーフ　本田　誠
題名	ＦＷ：［重要］重点販売商品コンクール結果
宛先	尼西店店長　杉内哲也
ＣＣ	
送信日時	20XX年9月11日　13:20

店長のご指導のおかげです。

・引き続き拡販を続けます。

・メーカー様工場視察はサブチーフの佐藤君に行ってもらおうと思います。

・副店長はお母様の介護で無理とのことです。

・もう一人は配送の酒田さんがよいかと。彼の尽力があってのことです。

・店長会議での表彰の件よろしくお願いします。

差出人	本社商品部ＡＶ機器仕入れ担当　奥野典秀（チーフバイヤー）
題名	［重要］重点販売商品コンクール結果
宛先	尼西店４階フロアチーフ　本田　誠
ＣＣ	
送信日時	20XX年9月10日　11:13

この度は三条電機バイソンテレビ販売コンクールに多大な尽力をいただき
ありがとうございました。

先月まで実施しておりましたコンクールの結果報告がメーカーからあり、
貴店が全国１位に入賞されたとのことです。おめでとうございます。

売り場でのダイナミックな展開と積極的な接客、そして即日設置サービス
など独自の取り組みに脱帽です。

来月の店長会議で表彰があるのですが、まずは賞としての三条電機ベトナ
ム工場視察旅行４泊５日（10月15日出発予定）の２人の選出をお願いし
たく。氏名だけでも結構ですのでお教えください。

詳細は三条電機の下野さんが貴店を訪問します。

差出人	尼西店副店長　錦織幸生
題名	ＴＯＰ電気対抗イベントの進捗報告
宛先	尼西店店長　杉内哲也
ＣＣ	
送信日時	20XX年9月14日　14:32

おはようございます。

先日は、お気遣いありがとうございました。

母は、一般的に呼ばれている「サービス付き高齢者住宅」に入ってもらう手続きをしておりますが、自治体からの補助を超える出費が予想以上に大きく、家族と相談している段階です。

さて、ＴＯＰ電気の対策イベントですが、なかなかまとまっておりません。顧客から見ると価格ははるかにＴＯＰ電気が安いので、サービス面での強化という方向になるかと思います。しかし本社からの支援は少なく、店舗だけで実施するには限界があります。

何か助言をいただけないでしょうか？

案件13

差出人	関西エリア営業部部長　工藤明夫
題名	営業本部長より連絡
宛先	関西エリア全店店長
ＣＣ	
送信日時	20XX年9月14日　15:03

本日エリア部長会議があり、年内をもってメーカー派遣販売員の受け入れを終了する方針が取締役会で決定したことが伝えられた。

これは、当社が家電販売業から生活提案企業に変革する大きな方針転換である。

従来のメーカー派遣販売員に頼る売り場運営は、現場の接客労力や売り場メンテの労力が低減する一方、顧客に対して一定の商品の提案しかできないデメリットがあると私は痛感していた。

直営販売員に切り替えることでソリューションを提案し、ＴＯＰ電気との価格競争から脱却し、差別化を図れる。

私もこの判断には絶対的賛成の立場であることから、関西エリアが先駆けとしてメーカー派遣販売員について、10月をもってメーカーに対し派遣受け入れを中止することとしたい。

各店の店長は同意のうえ、準備を進めてほしい。

差出人	本社お客様センター長　新井良子
題名	センター受付　顧客のお声
宛先	尼西店店長　杉内哲也
ＣＣ	
送信日時	20XX年9月15日　20:13

９月15日受付　「顧客の声」

受付番号　PO2076-67

受付方法　「受電」　担当　西川未瑠

内容:

尼西店３階の野々宮さんという店員さんを褒めてあげてほしい。

お客様が100円玉を冷蔵庫の下に落として奥に入ってしまい困っていると、野々宮さんが対応してくれた。営業後に冷蔵庫を動かして見つけ、翌日、配達の方が自宅に届けてくれた。100円玉もきれいに拭いてくれていたのには感動した。

以上

※該当案件がクレームの場合は、クレーム報告書とともに完了報告書をセンターまで報告願います。

案件15

差出人	株式会社デトロイト大阪支社特販課　吉野川徳郎
題名	［貴店限定企画］のご提案
宛先	尼西店店長　杉内哲也
ＣＣ	
送信日時	20XX年9月16日　14:28

突然失礼いたします。私たちは東大阪市に本社を置く生活家電メーカーです。期間限定でクオリティの高いセラミックヒーターを、貴店に特別価格でご提供する提案でございます。

セラミックヒーター　シグマ909
製品詳細はこちら　https://detoweb.co.jp/shgma909/
店頭参考価格12800円　通常納品価格6800円→貴店限定価格4900円
100台仕入れていただけると30000円のキャッシュバックを実施
販促物や販売員派遣もご相談に乗ります。
適用条件
完全買い取り制
まずは下記からお問い合わせください。
２営業日以内にご返信します。

株式会社デトロイト
大阪支社特販課　吉野川徳郎
大阪市西区多田9-4　関本ビル４階
コーポレートサイト:https://detoweb.co.jp/
E-mail:info@detoweb.co.jp

差出人	尼西店カメラ・ＰＣフロアフロアチーフ　松坂 亮
題名	ご報告
宛先	尼西店店長　杉内哲也
ＣＣ	
送信日時	20XX年9月13日　18:07

本日実施の「西野無線大撮影会」は無事終了しました。
撮影講師の奥川真一先生と友井川裕子先生も、ご満足してお帰りいただきました。店長によろしくとのことでした！
できれば年始あたりに尼西浜あたりで大撮影会の２回目を行いたいです。やはり野外のほうが顧客は集まりますから。相談させてください！
今回の企画で、商売の本質が見えたような気がします。
カメラを売るのではなく、サービスというか顧客に楽しみを売ると、自然と利益がついてくるのですね。手間はかかりますが、これが商売だという実感が湧きました。

差出人	尼西店総務チーフ 相馬翔子
題名	申し訳ありません
宛先	尼西店店長　杉内哲也
ＣＣ	
送信日時	20XX年9月12日　19:10

相馬です。ご不在だったのでメールで失礼します。

店長にお詫びしなければならないことがあります。

昨日、尼西建設管理局の小沢様から電話で問い合わせがあり、当店2階のイベントコーナー増設に関して、必要な届け出が出ていないと指摘されました。

本社総務部に確認すると、イベントコーナーは開店時に倉庫として届けており、売り場として使用する際には、条例に基づいて申請が必要だったとのことです。

言い訳になりますが、私自身もあの倉庫がイベントコーナーになっていることを先月知りました。その際すぐに届け出なければと思っていましたが、ほかの業務で立て込んでおり、後回しになっていました。

明後日、建設管理局にお詫びに上がります。

この度は会社に迷惑をかけ、申し訳ありませんでした。

差出人	尼西店玩具・ＤＶＤフロアサブチーフ　菊池恵里
題名	倉庫のＤＶＤ
宛先	尼西店店長　杉内哲也
ＣＣ	
送信日時	20XX年9月12日　17:40

昨日伝えました倉庫のＤＶＤの在庫状況です。

タイトル数　402

在庫売価ベース　252万円

内容は限定品や特典付きが大半

ほとんど価値なし

終了しているアニメも多数

※ＤＶＤはチーフの担当ですので、私が口を出すことができません。

　個人の嗜好を仕事に持ち込むやり方は、もう顔を見るのもストレスです。

限界です。

案件19

差出人	尼西店ＡＶ機器・照明器具フロアフロアチーフ　本田 誠
題名	店長候補者研修の件について
宛先	尼西店店長　杉内哲也
ＣＣ	
送信日時	20XX年9月12日　11:41

いつもお世話になっております。

先週は「電撃の市」、お疲れ様でした。

私も久しぶりに手が痛くなるほど商品の梱包をしました。

お客様が常に並ばれている状態で、息をつく間もほとんどなく、

あっという間に閉店時間になっていました。

久しぶりに懐かしい充実感を感じた1日でした。

ところで「店長候補者研修」の推薦の件ですが、私ではまだまだ力不足のような気がします。チーフになってまだ2年で、諸先輩方を差し置いてというわけにはいきません。

畑さんや松坂さんが適任かと思いますので、ご連絡いたします。

案件20

差出人	市議会議員 犬塚 信
題名	［お礼］ご挨拶ありがとうございました
宛先	尼西店店長　杉内哲也
ＣＣ	
送信日時	20XX年9月16日　10:13

先日はご挨拶いただき、ありがとうございました。

市議会議員の犬塚信でございます。

私は4期16年にわたり、さまざまな問題に対し、市民に寄り添い意欲的に取り組んでおります。

とくに尼西駅前再開発事業に関しては、駅前交差立体歩道の設置を懸案事項として強く推進しております。

現状の駅前歩道は、尼西市の市道ではない関係から拡張が難しく、雨の日は傘がぶつかり小学生や中学生の自転車の往来も多く、憂慮すべき状況となっておりました。

今回5年がかりで市に訴え、来年、予算を確保する運びとなりました。

これで市民を交通事故から守ることができ、本懐を遂げられます。

貴社においては、立体歩道部分と店舗が直接つながることで、ご商売には好影響をもたらすと思います。

貴社のライバル社のＴＯＰ電気さんが、配送無料サービスを拡張すると聞いております。

私としては貴社のファンの一人として、それを上回るサービスを展開してほしいと個人的に考えております。地元運輸会社などをご紹介できますのでぜひご相談ください。

第 5 章

演習問題の解説で
要領をつかもう！

こ こでは、20の案件をそれぞれ解説していきます。どんなことを考えて問題に取り組むべきか、どんな能力が必要とされているかなどについて詳しく説明します。特に優先順位を意識して読むと、回答の要領がほぼつかめるはずです。

案件1の解説 ✏️

<table>
<tr><td colspan="2">案件1　方針を聞かせてほしい</td></tr>
<tr><td>差出人</td><td>関西エリア営業部部長　工藤明夫</td></tr>
<tr><td>題名</td><td>ご挨拶</td></tr>
<tr><td>宛先</td><td>尼西店店長　杉内哲也</td></tr>
<tr><td>ＣＣ</td><td></td></tr>
<tr><td>送信日時</td><td>20XX年9月17日　21:30</td></tr>
</table>

前任の杉内店長宛のメールで失礼する。

あなたが本日尼西店に立ち寄ってくれると聞いてメールを送った。

私は本日所用で、直接君と話せないのが残念だ。

取り急ぎ、あなたへの期待を伝えたい。

尼西店はかつて当社の中で全国2位、関西では突出した売上を誇った基幹店舗だ。売り場面積あたりの売上では現在も全国1位である。

しかし、昨年ＴＯＰ電気が約2倍の面積の新型店を2キロ圏内に出店して以来、営業数値は目も当てられない状況になっている。

前任の杉内店長はコスト削減に力を入れたが、それ以上に売上が低下し最終利益が確保できるか微妙な状態である。

本社の中では、売り場を大幅縮小し、ワンフロアでスマホ関連や美容家電・ＯＡ小物などに集中し、効率化を図るという「家電コンビニ案」も出ているが、私は反対である。

わが西野無線はもともと白物家電が生業であり、それなくしては西野とは言えない。本社と意見が対立している状態である。

君はオーディオや白物家電が得意と聞いた。

何とかその経験を活かして、ＴＯＰ電気に対抗し売上を上げてほしい。

着任前で申し訳ないが、君の考えをこのメールの返信でよいので、表明してほしい。

問題と課題を識別して課題を設定する

　このように上司から方向性や戦略を聞かれたときには、「課題」を把握したうえで表明します。「問題」「課題」を混同する人が多いので、次のように理解するといいでしょう。

・問題＝現在発生しているトラブルやギャップ
・課題＝あるべき姿に近づけるために、中長期的に取り組むべきテーマ

問題

発生した事象

課題

問題を分析し、
本来のあるべき姿に近づける
意思が入ったテーマ

　説明を加えます。まず「あるべき姿」から始めます。あるべき姿とは、あなたが考える〝理想〟です。理想は人によって異なるので一概には言えませんが、例えば、
「この店をどんな店にしたいのか？」
と問われたときに、
「地域の人に、電化製品ならこの店と言われるくらいに圧倒的な支持を得る店」
と答える人もいるかもしれませんし、
「一人ひとりが成長して輝き、新卒採用の学生がこの店で働きたいと応募する店」
かもしれません。

つまり、少なくとも現状でよしとせず理想を追求した高いイメージです。

　この理想に近づけるものが「課題」なので、そう簡単に達成はできません。長い時間が必要になります。ですので、自部署の課題を探すときには、
「それは中長期的に解決するべきものなのか」
と自分に投げかけてみるといいでしょう。すぐに解決できてしまうものの多くは「課題」ではなく「問題」です。

　では、この「課題」の掘り下げ方を紹介しましょう。まず、どのような店が理想なのかという「あるべき姿」を設定します。次に、あるべき姿を達成するストーリーを描きます。

　ここで重要になるのが「現状分析」です。あるべき姿を設定しても、「実現性」がなければ達成できません。そして、あるべき姿を達成するためには、何が「阻害原因」かを分析して、それを取り払うにはどういう「策」が必要なのかを整理します。

　まず、着任する店の経営状況を「資料」から把握します。例えば、資料４からは、売上が年々下降気味で、経費は逆に上昇しているのがわかります。このように昨年の結果を見るよりも、時系列でとらえると、まず部署の「問題」が見えて、今後の「課題」が予想として見えてきます。

　案件の中を見ると「ライバル店の動向」「社内のコミュニケーション」「コンプライアンス教育」「仕組み」に関する内部の「問題」が見えます。［案件４］からは全社的に経費の削減、［案件13］からは「生活提案企業への変換」などのキーワードから、自部署がどのようにあるべきかという「課題」を考えることができます。

　これらを踏まえてテーマを設定します。これで「課題」がはっきりしてきました。モニターさんが出した例を紹介します。

・生活提案企業への変換のための提案型接客教育の実施
・部門縦断型の売り場づくりによる総合生活提案の実施
・地域一番の細かなサービスによるシェア10％アップ

一方で、「課題」ではない例があります。

・今年度の売上目標必達
・不良在庫の削減
・配送無料キャンペーンの実施

「課題」は中長期的なテーマであり、現状を踏まえたうえで具体的な行動が入っていなければなりません。上記にあげた課題ではない例は中長期的ではありませんし、あるべき姿が不明確です。

今回は課題設定が初心者向けの説明なので、大枠の説明としました。本来は専門書が多く出されて各種理論があるのですが、インバスケットでは現実的なものを設定するので、この程度で十分かと思います。

期待されるような抱負を表明する

抱負を語るという行動も、インバスケットで評価される行動です。そう言われても戸惑うかもしれませんが、簡単に言うと「どんなふうにがんばるか」をまわりに伝えることです。

新しい職場に初めて着任したときなど、抱負を表明することで上司や部下を安心させることができます。

それだけ新任のあなたがどんな人なのか、まわりは気になっているわけです。「がんばります」だけでもいいのですが、せっかくですから「上司やまわりの期待にこたえられるように、精一杯がんばります」くらいは書くといいでしょう。

上司と業務の方向性を合わせる

仕事を進めるうえでチームワークは大事ですが、チームワークの中で最も大切なのは、上司と部下の関係です。新任のあなたは、まず自分の上司

と方向性を合わせることが必要です。上司がどのような方向性を持っているのかを確認し、自分の進め方の参考にするわけです。

　上司と方向性が合わないと、軋轢(あつれき)が生じ、仕事でトラブルがあったときにサポートしてもらえないこともあります。

上司と方向性をすり合わせる

自分が考えているビジョンを伝える

　先ほどの抱負とセットでぜひ使ってほしい行動です。ビジョンとは「将来のあるべき姿、ゴール」と考えてください。子どものころに、「あなたの将来の夢は何ですか」と聞かれたことがありますよね。あれです。

　蛇足ですが、野球のイチロー選手は小学生時代の作文に、「プロ野球選手になって、お世話になった人に招待券を配り応援してもらうこと」と明確に書いています。すごいですよね。

　大人、とくにリーダーや管理職になると、部下や周囲を巻き込んで仕事をする必要があるので、ビジョンを伝えておく必要があります。

　インバスケットの評価項目でも、「ビジョンをつくり伝える」という行動は高く評価されます。

　私のYouTube動画の中でも、ビジョンのつくり方を説明しています。周囲をわくわくさせたり、共感させたりするビジョンを表明しましょう。

　例えば、

・シェア1位を奪還して、もう一度圧倒的に強いチームをつくる
・誰もが驚き、世界が共感するサービスをつくる

でもいいでしょう。

ビジョンに正解はありません。あなたが心から成し遂げたいと思っているチームの夢を、このインバスケットで語ってみてください。

　参考までに、ビジョンの例をもう少し書いておきます。

・白物家電なら品揃え、接客日本一と呼ばれる電気店
・尼西市民の生活をランクアップさせる、暮らしの提案集団
・販売から配達まで「御用聞き」と呼ばれる初の電気店

▶モニター回答例

※回答例は完全な正解ではなくあくまでも一例です。回答の書き方の参考にしてください
※優先度の高い案件のみ掲載しています

TO　工藤部長
CC　各フロアチーフ

ご連絡ありがとうございます。尼西店店長を拝命した椎名です。
これまでの経験を活かして、ご期待にこたえられるように、当社基幹店として、TOP電気からシェアを獲得してまいります。
現段階の考えになりますが、部長のおっしゃる白物家電は順調です。
また［案件10、11、14］などから、小まわりと機転が利く配送が強みと考えております。
私としては［案件4］にあるように、販売から配送、設置まで一貫して顧客のニーズにこたえ、付加価値をつけた販売戦略を取って「白物家電地域一番店」を目指そうと考えています。
一方で、問題は店舗老朽化とフロア間のコミュニケーション不足だと感じております。
店舗リニューアルによる新型生活提案店舗を目指したいです。
そして、ゆくゆくは神戸や大阪などの都市圏からも顧客を引きつけるような品揃えとサービスを展開するのが夢です。

もちろん部長の戦略をお聞きしてから立案したいと思いますので、着任後お時間をいただければ幸いです。

TO　副店長

早速で申し訳ないですが、［案件12］で検討していただいているTOP電気対抗案に合わせて、白物家電を強化した案も、叩き台を着任日にいただきたい。資料6から白物家電の粗利率低下原因も調べておいてください。これを上げないと売上が上がっても利益がついてきません。
あわせて以前に市場調査を実施したデータがあればそれも揃えておいてほしい。とくに商圏内の人口特性や嗜好、世帯構成などが知りたいです。

チェックポイント

□課題を明確にできた。
□抱負やビジョンを打ち出せた。
□上司と方向性をすり合わせようとした。

5

案件2の解説

	案件2　他部署の上司に叱られた

差出人	尼西店ＡＶ機器・照明器具フロアサブチーフ　佐藤大吾
題名	お伺い
宛先	尼西店店長　杉内哲也
ＣＣ	
送信日時	20XX年9月14日　18:14

本日、照明機器陳列のため脚立を3階から借りました。

4階にも脚立はもちろんあります。

でも、今回のシャンデリアは大きくて2人で運ばなければ危険でした。

3階のアルバイトに「借りていくよ」と声をかけて借りたのですが、

3階のチーフから、血管をこめかみに浮き上がらせながら売り場で怒鳴られました。「デブチビ」とも言われました。

数人いたお客様にびっくりされ、私はとても恥をかきました。

フロアに設置してあるとはいえ、同じ店の備品を借りて、

なぜそこまで怒鳴るのか、どうしても理解できません。

うちのチーフに言っても事なかれ主義ですので、

店長には聞いておいてほしかったのです。

情報を鵜呑みにせず事実確認をする

　案件2を読んで、ついついハラスメントという言葉が頭に浮かび、すぐに対処しなければならないと考えた人もいるでしょう。ひょっとしたら、そこから優先度を高くされた人もいるかもしれません。

　しかし、リーダーが意思決定するときに重要なのは、状況を正しく把握することです。

　今回の案件は、佐藤サブチーフが別フロアのチーフに暴言を吐かれたという内容ですが、このメールだけを信じて行動するのは早計です。

　このような情報が入ったときは、まず「事実確認」が必要です。このプロセスがないと、事実を誤認したり先入観で判断してしまい、間違った判断につながります。

　ですから事実を確認する行動は、必ず入れてください。

　事実確認の方法としては、当事者だけではなく関係者からヒアリングしたり、自分で確認したりするなどがあります。

　さらに角度を変えて、人事部や取引先、過去の人事評価などから情報を得る方法もあります。

自分の目で事実確認する

気をつけたいのは、できるだけ目立たないように行動することです。今回のようにハラスメントにあたる可能性がある場合や、プライバシーに配慮すべき場合は、内密に裏を取ることも頭に入れておきましょう。

　「内密に裏づけを取ってほしい」と言って確認を他人に任せるときは、内密にする理由も伝えておくことが重要です。これはインバスケットの評価が、「内密にすること」に対してではなく「なぜ内密に情報収集するのか」という背景に焦点を合わせるからです。

　内密にするように相手に伝えた場合、相手は理由を知りたがります。ですから、理由を添えたほうが納得して行動してくれるわけです。

業務効率改善のアイデアを出す

　この案件は、ハラスメントの問題だけではなく、視点を変えると別の問題が見えてきます。
　例えば、「危険性のある作業」だとか「備品管理」などです。トラブルが起きたときは、そのトラブルを収めるだけでなく、できる管理職は業務効率を改善する機会ととらえます。

　今回のように、備品が足りないのでフロア間で融通し合っているのが事実であれば、もっと効率的に業務を進める方法を、マネジメントの視点で見つめて改善案を出してほしいものです。
　例えば、備品を各部署で管理するのではなく、１カ所で集中管理する方法があるかもしれません。また、仕組み化やシステム活用などの方法を考える手はあります。

　マネジメントとは「人」「もの」「金」、そして「仕組み」「情報」という資源を有効に活用して成績を上げることですから、「もっと効率よくできないのか」という視点は、常に持っていてください。

部下の教育や指導まで広げて考える

　さらに問題の視点を変えると「おかしいな」と思うことがあります。自部署のチーフを通さずに店長に直接相談するサブチーフの行動が不自然だと思いませんか？　理由は書かれてはいますが、4階のチーフはこのような案件の処理が上手ではなさそうです。

　このような場合は、店長自らこの案件の処理に関わりながらも、教育もかねて4階のチーフも巻き込んでおきましょう。チーフとしての自覚、そして自部署で起きたことの処理をさせることで、経験を積ませるのです。
　これは部下指導や教育という行動にあたり、評価に値します。

コンプライアンスの問題は敏感に

　私が新卒で就職した1990年代は、セクハラやパワハラなどがそこまでクローズアップされてきませんでした。しかし今は時代が違います。さまざまなハラスメントなどコンプライアンスへの関心が高まりました。
　管理職としては、「まあ、そのくらい大丈夫だろう」とか、「昔は当たり前だった」という判断は、「問題発見の視点に抜け・漏れがある」と思われます。

　管理職が知っておくべきハラスメント系の法律や社会通念などは、本書では省きますが、人格を傷つけるような行動はとくに問題視しなければなりません。

悪いことが起こらないように注意喚起する

　一歩抜け出ている管理職は、上記の行動に加えて、こう考えます。
「ひょっとしたら、ほかにも同じようなことが起きているかもしれない」

そこで、そうならないように、「注意喚起」をして未然に防ぐようにします。
例えば、
「〜というハラスメントの疑いがある事案が発生しました」
という状況の共有や、
「今週はハラスメント意識強化週間にします」
というような注意喚起を行い、事故発生を未然に防ぎます。
　これは野球で言うと牽制球のようなもので、「ちゃんと見ているよ」というサインを送ることで、よくない行動を防ぐ効果があるわけです。

　現場でも大きな事故やヒヤリハット（ヒヤリとしたり、ハッとしたりするような、重大な事故につながる一歩手前の出来事）があった場合は、情報をまわりと共有し、事故を未然に防ぐことに役立てられます。

チェックポイント

□事実確認をしている。
□効率を高めるための具体的なアイデアを提案している。
□4階チーフを巻き込んでいる。
□全体に再発防止のための注意喚起を行っている。

案件3の解説

案件3　ポスター貼っていいですか	

差出人	尼西店玩具・ＤＶＤフロアフロアチーフ　坂本健太郎
題名	ご承認いただきたい件について
宛先	尼西店店長　杉内哲也
ＣＣ	
送信日時	20XX年9月12日　18:05

お忙しい中、ご確認ありがとうございます。

当フロア従業員の清水がリーダーを務める「尼西店漫画倶楽部」から店内
掲示板にポスター掲示の依頼が来ています。

内容はまんがアニメ好きのための「アニメコン」という企画で、
来月22日に尼西の居酒屋で行われる完全着席型飲み放題つきの
飲み会のようです。

私は、店内にこのような内容のポスターは貼らないほうがよいと
思いますが、店長が同サークルの発起人になっていることもあり、
いかがしましょうか？

案件の承認は7種の判断で決める

　管理職にまで回ってくる情報は少なく、しかも不確実なことが多いものです。今回の案件も、多くの人が迷ったと思います。

　ただ、「認める」「認めない」に限らず、裏づけを取ってから判断するので、それまでは「保留」としたり、本社に確認を取って了承が得られたら承認する「条件付き承認」とするなど、意思決定にはいくつかの選択肢があります。さらに、副店長に判断を任せるという「一任」も可能です。「無視」という判断は「判断を避ける」という意味ではなく、部下の成長などを意図してあえて部下に考えさせるなどの判断を指します。

　あいまいにせず、方向性の意思決定を下しましょう。

　大切なのは、タイミングを逃さず明確に判断することで、管理職としては次の7つのうちのどれを選ぶのか、自問自答して決定することです。みなさんも、判断に迷ったらこの7種類を思い浮かべて考えてください。

```
意思決定の7パターン

・承認　　　　　　　・一任
・条件付き承認　　　・無視
・保留　　　　　　　・拒否
・延期
```

さまざまな視点で問題点を発見する

　管理職は、問題を発見して解決する〝問題解決職〟です。とくに現場の人たちでは見抜けない問題点を見つけ、大きなトラブルにならないうちに解決する行動は、できる管理職が取る行動です。

今回のように、店内にポスターを貼るという一見重要ではないように見えることでも、管理職の視点から問題がないのかと言うと、次のように少し気になる部分があります。

・店内に飲み会のイベントを告知することは、社会的に問題ないのか？
・自社の社員が別団体のリーダーを務めることは、会社で問題にならないのか？

　このように視点を変えて見ていくと、さまざまな問題点が浮上してきます。ポスターくらいいいのではないかと思った人は、視点を少し変えて見てください。また、問題点を見つけた方も、別の視点から考察することで、問題発見力は伸びていきます。
　インバスケットは、さまざまな視点で問題を発見できる管理職を高く評価します。

社内基準をつくり改良を重ねる

　次に、売り場掲示板などに何を掲示するかという基準をつくります。管理職がその都度判断するよりも、判断基準を明確にして、それに従って運用されているかどうかをチェックするほうが、仕事はスムーズに運びます。
　また基準をつくれば、部下は上司に伺いを立てずに行動できます。お互いに時間や労力がかかりません。
　管理職は判断する人でもあり、基準をつくる人でもあります。基準をつくると、常に精度の高い判断ができるので、この行動は高く評価されます。

　一方で、もし基準があったとして、その物差しとなる基準が現状に合っているのかを見直す、という行動も高く評価されます。
　「ルールだからいいんです」と言われ続けていることに疑問を持ち、現状に合わせて基準を変えていくことも管理職の仕事です。

部下の自発的な行動を支援する

　上記の2つでは、管理職の視点でどちらかと言うとネガティブに物事を観察していました。しかし、ポジティブな側面から見ることもできます。

　例えば、この団体活動を部下が個人的・自主的に行っているのであれば、上司としては喜ぶべきことですから、支援するべきです。

　なぜなら、部下のこのような行動は、時に素晴らしい結果をもたらすこともあるし、部署の活性化や風通しのよさの証拠でもあるからです。

　したがって、今回の行動に対しては厳しく接するよりも、上司として「自発的な行動は評価したい」という意思を出したうえで、正しい方向に向かうように支援や助言をする言葉を入れておくのがいいでしょう。

　職場でも、部下から提案や企画が出されたときに、内容がどうであれ、まずは自発的に出されたことを評価して受け入れるように検討してみてください。このような上司の行動を見ると、部下はまた自発的に行動したくなるものなのです。

チェックポイント

□団体の活動に対して問題視している。
□ポスター掲示の基準づくりを提案している。
□部下の自発的な行動を促進している。

案件4の解説 ✎

差出人	経営企画部部長　辻 潤
題名	[社外秘] 配送アウトソーシングご提案
宛先	尼西店店長　杉内哲也
ＣＣ	関西エリア営業部部長　工藤明夫
送信日時	20XX年9月15日　11:20

標記の件、ご提案申し上げます。

経営改革会議で新5カ年計画「スバル」を現在構想中です。

その中の骨子として、自社で担っていた業務を外部業者に委託し、

固定費を削減する計画を含んでいます。

一部の取締役からは、自社配送システムは西野無線のコアコンピタンスで

あることから、慎重な意見が出ていますが、

もし配送の外部委託が実現すると、年間コスト削減額は300億円以上

と試算しています。

すでに工藤エリア部長からご賛同いただき、貴店がモデル店舗として

選出されました。

この施策を取り入れれば、貴店の利益は年間700万円ほど改善される

試算です。

すでに尼西スピード運輸様から上記の企画にご参加の意思を

いただいています。

貴店配送チームについては、近隣の店舗への異動や店内部署への

配置転換となり、ここも当部署及び人事担当部署が全力でサポート

させていただく所存です。

取り急ぎ承認をいただきたく、9月17日までにお返事をお待ち

しています。

中長期の戦略的な判断を打ち出す

　管理職が下す判断には、「短期的な判断」と「中長期的な判断」があります。今回の案件は中長期的な判断にあたります。このレベルの判断は店長にしかできないものなので重要です。

　今回のケースでは、「会社の上層部の指示だから」とか「年間利益が改善されるから」という根拠だけで判断をしてはいけません。
　配送部門をアウトソーシングすることが、ライバル社に対して持続的に優位な状態になるのか、という視点も持つべきです。
　ほかの案件を見てみましょう。

　［案件10］では、配送部門が営業部門のサポートをしています。
　［案件11］では、即日設置サービスを行っています。
　［案件13］では、全社として生活提案企業への変革の方向性を打ち出しています。
　［案件20］では、ライバル店の配送無料サービス策強化とあります。

　あなたはこれらの情報をもとに、中長期的視点に立って、自店をライバル店とどう差別化するかを考えて、方向性を決めなければなりません。
　本来は、このような重要な判断はじっくり時間をかけて分析し、決めるべきでしょう。ただ、戦略立案は着任後でも構わないのですが、その方向性は、この段階である程度定めておく必要があります。
　コストダウン策を考えるのか、それとも新たな戦略を打ち出すのか、という方向性くらいは出しておかないと、後手に回る可能性があるからです。
　「戦略」という言葉が出ました。戦略とは本来、経営者層が使う用語だったのですが、今では管理職も戦略的思考を持たなければならなくなっています。

選択 と 集中

限られた資源を最適配分して最大効果を得る

　戦略とは、このケースで言うと、「一過性ではなく、これからずっとライバルよりも優位な立場を持ち続けるための考え方」と言っていいでしょう。そのためにも、どこに力を入れるのかという「選択と集中」の考え方が必要になります。

　その一例を書いておきます。

・白物家電フロアで接客人員を強化するために、他フロアは省力化するか他の専門店を誘致する。
・小型家電や照明・玩具などの配達をしない商品に特化し、配送費をコストダウンして利益率を高める。
・白物家電フロアに接客とサービスを集中して、利益率が取れるフロアにする。

　ここでは、どこに特化してどこを削るかということが戦略的な判断となります。管理職としては、限られた経営資源をどこに配置するかを決めなければなりません。

　このような中長期的な判断を60分以内で下すことに、違和感を持つ人もいるかもしれません。この時間で正確な判断を下すのは物理的にも難しいでしょう。ただ、管理職として「どうしたいのか」は、与えられた情報だけで方向づけをしてください。これは［案件１］で方向性を打ち出してもOKです。

　大まかな方向性を打ち出し、その修正はその後でもできると考えてくだ

さい。将来修正することになったとしても、場当たり的な処理をするよりは、方向性を定めることのほうが大事なわけです。

リーダーとしての判断軸を決めておく

重要な判断をするときほど迷うものです。

今回の案件だと、会社の方針や上司の指示、そして目標達成も従業員の処遇やモチベーションも大事です。そのほかにあなたの価値観やビジョンなども判断要素に関わってきます。

このように大事なことが増えると、私たちは判断に迷いが出てきます。

そこで、インバスケットでは、まず自分が大事にしたいものを頭の中で列挙しておいて（書き出してもいいのですが、時間がかかるのでおすすめしません）、その中で最重要なものは何かという「判断軸」を決めてください。

判断軸があると、優先順位をつけやすくなり、今回のような重要度の高い案件が並んでいても判断しやすくなります。

何を選ぶかに正解はありませんが、リーダーとしての判断軸であることを頭に入れておいてください。つまり、あなた個人のこだわりや気になるものとは一線を画して考えるということです。

判断軸の一例をあげると、「ミッション」「会社方針」「ビジョン」などがあります。

大事なものがありすぎて一つに決められないという人は、3つまで選んでもいいと思います。ただしその場合でも、1位から3位までの順番はつけておいてください。

近未来を読むシミュレーションをする

重要な施策を実行する前に必ず取る行動が「シミュレーション」です。

これは、仮想空間で実行したときにはどのような結果、状態になるのかを想定することです。

　今回の場合は、導入するとコスト削減による利益の計算はされていますが、売上はどうなるのか、その他のコストはどうなるのか、などを細かく計算する必要があります。

　この工程を省くと、自社配送人員を削減して配送を外部委託したとして、もし施策が失敗したときにもとの状態に戻すのは非常に難しくなります。

　したがって、新しい施策を導入しようとするときは、部下に「６カ月間の損益シミュレーションをしてください」などといった指示を出すといいでしょう。

極秘扱いで障害や不安の発生を抑える

　管理職のもとにはさまざまな案件が寄せられますが、中には企業秘密に関わる案件や、今回のように部下の異動のことなど、外部に漏れてはいけないものがあります。

　外部に漏れると、会社の動向が知られてしまうということだけでなく、今回の場合のように、配送部門の社員が自分たちの将来に不安をいだいてしまいます。会社への信頼感やモチベーションに影響が出て、社内に連鎖する危険性もあります。

　だから、重要な指示を出す場合は内密にする必要があるわけです。このような場合には、「内密」「極秘」などの用語を使って指示します。
「この案件は内密に調査してください」
などと指示を出してください。
　この指示は、部下に情報の重要性を把握してもらったり不安を取り除いたりして、業務に障害が発生するリスクを抑える効果があります。

▶モニター回答例

TO　辻経営企画部長
CC　工藤部長

ご提案ありがとうございます。
この度着任することになりました椎名です。
ご提案の件、利益改善につながるものとして、ありがたく受け止めています。
一方で、現時点では［案件13］の生活提案企業への方針転換もあり、配送部門は自社で行い、細かい顧客のニーズに対応するという戦略の選択肢もあるかと思います。
急ぎ当店の戦略と方針を策定しますので、しばしの猶予をいただきたくお願いいたします。
また、本来は当店店内で調べる内容でありますが、部下の人事異動にも関わる極秘案件であることから以下の情報があればご提供ください。
・配送部門を外注にしたことによる売上への影響度シミュレーション（5年間ほど）
・他社（とくにTOP電気）の配送サービスと当社の配送サービスの比較
・配送部門人員を店内販売員に配置転換するときのコスト
着任後、直接すり合わせのお時間をいただければ幸いです。
今後ともご支援よろしくお願いします。

チェックポイント

□戦略の方向性を打ち出している。
□シミュレーションを行っている。
□極秘案件として扱っている。

案件5の解説

案件5　エレベーターが使えません	

差出人	尼西店副店長　錦織幸生
題名	業務用エレベーター補修の件
宛先	尼西店店長　杉内哲也
CC	
送信日時	20XX年9月12日　17:42

本日、京阪神エレベーターの方がお越しになりました。

先日閉じ込め事故のあった商品搬送用の業務用エレベーターの件ですが、耐用年数はあと7年残っています。すでにパーツや部品が供給終了となっており、リニューアルが必要とのことです。

取り急ぎ、今も異音と異常振動が見られますので、準撤去リニューアルを行うということで、かご室・釣合おもり・制御盤・巻上機などの入れ替えを行うとのことです。

必要日数は3日。できるだけ早くとお願いした場合、9月20日からだと工事対応可能のようです。これがすぎると年内は難しいそうです。

工事費用はこのビルのオーナー負担ですが、工事期間は最悪の場合、営業休止にするか、客用エレベーターで商品を搬送するかの選択ですかね。

返信期限が19日ですので、店長から京阪神エレベーターにご連絡をお願いします。

現場視点とマネジメント視点を使い分ける

エレベーターが使えないと聞いて、すぐに思いつくのは「業務に障害が出ないか」「部下や取引先が困るのではないか」ということでしょうが、マネジメントの視点でも考えてみましょう。

この案件で持ってほしいマネジメントの視点は、まず「リスク管理」です。エレベーターは人や荷物を運ぶ機械なので、異音や振動などに異常があれば、リスクはすでに顕在化していると考えられます。

そこで、「安全性の担保として業者に裏づけを取る」、あるいは「本社や上司に報告を入れる」などの行動は取っておきたいものです。

また、現場視点ではすぐにエレベーターの補修に取りかかるという判断を下すべきですが、どの時期が店の営業への影響が軽くすむかなど、ほかの案件と関連させて判断しましょう。

二重の意味で仕事を部下に任せる

マネジメント視点で判断する案件ですが、業者に確認したり商品運搬の方法を検討するなどの仕事は、部下に任せましょう。

自分が動くほうが確実で早いかもしれませんが、管理職になったら大事な業務が増えるので、自分の手を動かして直接仕事をすることを極力減らし、部下を最大に活用して仕事をしなければなりません。

また、仕事を任せるという行動は、部下の成長にもつながります。したがって、自分で行う前に、部下に任せる選択をするクセをつけましょう。

部下育成のためにも仕事を任せる

そして任せると決めたら、すべて丸投げするのではなく、最低でも次の4つのことは自分で行うようにしてください。これらがなければ任せたというより、仕事を丸投げしたということになってしまいます。

部下への仕事の任せ方

・方向性を決める   ・結果の責任を取る

・報告を受ける   ・支援をする

関係者への情報共有を徹底する

組織の中で起きる事故やトラブルの多くは、関係者が情報を共有していないことから起きます。ですから、受け取った情報は自分だけでとどめずに、誰に共有しておいたほうがいいのかを考えてみてください。

とくに重要な情報は、少し神経質になるくらい、まわりと共有しておくといいでしょう。

インバスケットの回答では、自部署（今回の演習では店内）だけでなく、本社や取引先、そして近隣店なども視野に入れて情報共有を心がけてください。

ほかの案件と関連づけて判断する

インバスケットで気をつけなければならないのは、一つの案件（今回のケースでは［案件5］）だけを見て判断せずに、ほかの案件や与えられた資料と関連づけて判断することです。

「木を見て森を見ず」という言葉がありますが、全体で起きていることを把握し、今回の案件と関連づけてみてください。

一例として、［案件7］を見てください。補修をすると判断した場合は、

このイベントとかぶります。するとどうなるのか、と考えるわけです。

このように、インバスケットでは一つのことで判断することなく、流れをつかんでほかのことと関連させていくようにしてください。これを「洞察力」と言い、リーダーに必要不可欠な能力として評価されます。

判断のタイミングを逃さない

判断するときに気をつけることは、精度はもちろんですが、タイミングも重要です。

期限が決まっていないから緊急性が低いと判断したなら、あまり意識しなくてもいいのですが、今回の案件のように期限が設けられていると、その緊急性を無視して判断の精度を優先する、つまり判断を先延ばしにするということは管理職の判断としては問題です。

なぜなら、判断のタイミングが遅れると、たとえよい判断を下したとしても、期限がすぎてしまい判断の意味がなくなるからです。

この逆もあります。判断が上手な人は、今すぐに判断できる状態であっても、重要度が高いものであれば、時間をかけて裏づけを取ったり、まわりに相談したりしてから判断を下します。

すぐに判断することを「早計な判断」と呼び、これも管理職としては問題のある行為なのです。つまり、「判断をするのは今なのか」と考えてほしいのです。

そして判断を遅らせるリスクが、今判断をするリスクを上回ると感じたら、たとえ情報が揃っていなくても判断を下すようにしてください。今回のケースでは、期限も迫っているので「工事の実施か延期か」を判断するべきでしょう。

ただし、例えば［案件７］では、工事日と放送日が重なる可能性があるので、単純に了承するのではなく、工事期間変更の交渉や条件付きで了承するなどの選択肢があります。

▶モニター回答例

TO　錦織副店長
CC　酒田配送チーフ　工藤部長

エレベーター補修の件、報告ありがとう。内容確認しました。
まず、補修を早急に行う方向で進めてください。
ものだけではなく人も運搬する観点から、安全確保が一番です。
ただし、［案件7］の地元FM局のイベントが工事期間と重なっていますので、工事時期を早めにずらせないか交渉してください。
できなければ［案件7］のイベントを変更し、工事を優先してください。

ちなみに、設備費用はオーナー持ちとのことですが、
以下の点を確認し報告してください。
・［資料7］から設備費の詳細と予算オーバーしている理由
・ほかの設備の補修必要箇所のリストアップ
・エレベーターが使用できない中で営業する代替案
着任日までにお願いします。

TO　工藤部長

エレベーターが使えないことにより、最悪営業ができない期間が発生するかもしれません。
店長としては、営業できるように代替案を出してまいりますが、本社商品部、物流部、総務部へのご支援をお願いするかもしれません。
あらかじめ情報を関係部署に共有いただければ幸いです。

> **チェックポイント**
> □先に起こり得るリスクを察知し、対処しようとしている。
> □ほかの案件との関連性を考えて判断している。
> □判断のタイミングを逃すことなく方向性を打ち出している。

案件6の解説

案件6　副店長が異動になりました	
差出人	関西エリア営業部部長　工藤明夫
題名	人事［案件］について
宛先	尼西店店長　杉内哲也
ＣＣ	
送信日時	20XX年9月11日　15:10

メールで失礼する。

昨日話をした「案件」だが、人事に確認を取った。

赴任先はシンガポールになるらしい。

現地では副店長として現地スタッフの教育と管理を主な業務として、

2年間は駐在してもらうことになる。

錦織君には君から内示を願う。

発令は来月10日の予定だ。

現地では25日着任を要望しているので、

ビザの申請などを考えると、早急に行ったほうがよい。

初の海外出店の副店長なので、実質は昇格である。

私も鼻が高い。きっと彼も喜ぶだろう。

確認のために判断保留・延期もある

　今回は、人事異動に関する難しい判断です。人に関することは常に重い判断です。なぜなら、組織や会社にとって「人」は欠かせない資源であるのに加え、その人の人生を左右するかもしれないからです。

　管理職をしていると、今回の案件のような人事異動だけではなく、不正がらみの処罰、部下同士の人間関係、部下個人が抱えている家庭の問題などに判断を求められることがあります。
　このような案件が来ると、頭のどこかで、別の誰かが決めてくれないかと考えてしまうかもしれません。しかし、あなたは管理職であり、管理職の仕事は判断を下すことです。だから逃げないでください。

　今回の案件は、全体を見ながら、そこにほかの案件に入っている断片的な情報を組み合わせることがポイントです。
　そうすると、よい人事異動のように思いがちですが、［案件11］や［案件12］から、副店長は母親の介護という問題を抱えていることがわかります。その情報の裏づけを取り、本人の意思や希望を直接聞く場を設けるという選択肢も出てくるでしょう。
　副店長の情報は間接的に入っていますが、この情報は信憑性が気になるので、情報の鮮度は新しいほうが判断には役立ちます。ですから即判断するよりも、裏づけを取りたいところです。

　また、会社の状況も考える必要があります。［案件6］の初の海外出店という、会社にとって重要な戦略なのでしょう。こちらも上長などから情報をとり、最適な人員配置を検討する材料とするべきです。

全体最適と部分最適のバランスを取る

　組織で管理職をしていると、会社全体にはいい判断でも、自部署が窮地に陥るという矛盾を感じることがあります。

　私の前職の体験談ですが、大手スーパーの食品売り場に勤務していたとき、会社の戦略でそれまでの路線から大きく舵を切り、高級スーパーとして、ある新業態の店のお酒売り場をマネージャーとして見ることになりました。

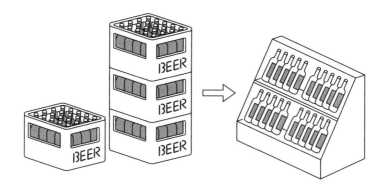

部分売上ではビールがよくても、全体売上にはワインが最適

　従来の主な売上を取っていたビールのケース売りなどの手法をやめて、ワインなどを前面に打ち出したわけですが、計画通りの売上が取れません。

　そこで私は、自部署の目標達成のためにビールのケース売り場を増やしてワイン売り場を減らしました。そして売上は上がってきたわけです。

　しかし、これは部分最適しか考えていない私の判断ミスだったのです。高級スーパーとしてのコンセプトを破ったことにより、店全体の売上に悪影響が出始めたのです。

　このとき私は、「部分がよくても、全体の成績が下がり、もし店が傾くようなことになると、私のやっていたことはまったくの無意味である」と悟ったのです。

管理職になると自部署の目標達成がミッションになるのですが、一方で
その目標達成の障害になったとしても、会社全体の利益が上がるなら、そ
の計画を受け入れることもあります。
　管理職としては関係部署や上長と折衝して、自部署にとっても全体に
とっても利益になるように調整していきたいものです。

▶モニター回答例

> ＴＯ　工藤部長
>
> 当件ですが、いったん保留とさせていただけないでしょうか。
> 実は［案件11］［案件12］から、彼の母親の介護の問題もあり、
> 本人の意思を確認したいのです。
> もちろん当社の初海外店ということで、全社の戦略上重要であり、
> 彼の将来にもプラスになると思いますが、最悪の場合、
> 退職などの方向にならないか危惧しております。
> 9月22日に面談し、その場で判断させていただければ幸いです。
> もし間に合わないのであれば、部長から副店長に事情を聞いて
> ご判断いただいても、私は構いません。どうぞご検討ください。

> **チェックポイント**
> □保留や延期などの判断もしている。
> □他の案件との関連性をつかんでいる。
> □会社全体の視点から判断している。

案件7の解説 🖊

差出人	株式会社エフエムにしのみや　番組制作部　荻野健太
題名	放送のご確認
宛先	尼西店店長　杉内哲也
ＣＣ	
送信日時	20XX年9月15日　13:26

案件7　ラジオのスタジオが設置されます

ＦＭにしのみやの荻野です。いつもありがとうございます。

ご依頼いただいていた9月20日（日）「家電最前線捜索隊」の放送を
貴店で行うことが決まりました。

前回のように2階のイベントスペースをお借りし、仮設スタジオを
つくります。

タレントの清水けんじろうさん用の控室もご準備をお願いします。

今回はサイン会は行わない予定です。

放送時間は11時45分から30分間です。

店長さんと売り場の説明をできる方が必要となります。

台本は以前のバージョンから変わりました。

新台本を後日お送りするので確認、追加してください。

エフエムにしのみや　番組制作部

ディレクター　荻野健太

リスクと見るかチャンスと見るか

インバスケットの回答を評価していると、面白いなと思うことがあります。同じ現象なのに、ある人はリスクを感じ、ある人はチャンスととらえるのです。

どちらの視点も、管理職としては持つべきなのですが、多くの人がリスクと感じる中を、逆転の発想でチャンスと受け取り、ビジネスの成功に結び付ける人材は評価できます。

今回の案件では、エレベーター補修の［案件5］と関連させて考えると、混乱やトラブルが予想されます。あわせて主人公である店長も不在という中では、心配と感じる人も多いでしょう。

しかし視点を変えれば、ライバル店よりも優位に立つ絶好のチャンスととらえることもできます。

例えば［案件16］のイベント成功の情報と組み合わせれば、自店の強みを多くの人に伝えられるかもしれません。

また、部下同士に話し合わせて、このイベントの最大効果を引き出す施策を考えてもらうのも有効な方法です。

管理職は、リスクを察する視点に合わせて、チャンスを見つける視点も持っておきたいものです。

根回しで事をスムーズに動かす

通常と異なる施策やイベント、トラブルなどが起きたときに取りたい行動が「根回し」です。インバスケットでは「計画組織力」として評価できます。

根回しとは、「ある事柄を進めるにあたり、利害が生まれそうな人に、あらかじめ相談や報告をしておく行動」です。

この行動を取っていると、業務を進めている途中に「私は聞いていませんよ」というような苦情は出ず、仕事をスムーズに進められます。

この案件で、イベントの開催実施の決定だけではなく、開催を見送った場合にも、根回しは必要です。
例えば、あとになって上司から、
「どうしてそんな素晴らしいチャンスを相談なしに見送ったんだ」
と叱られることもあるからです。

根回しをするときには、まず「組織図」を見て、利害に関係する部署を見抜くとスムーズに運びます。組織図は、組織の「報・連・相」の流れを表しているので、直線で結ばれている上司には、密に報連相をしなければなりません。
また、組織内部だけではなく、外部団体や取引先、地域住民などにも気を配りましょう。

目的に合わせて組織をつくり直す

日常の仕事であれば、現状の組織で仕事はまわりますが、組織を横断した特別なイベントでは、チームをつくることが必要になります。
誰か一人を指名して仕事を任せてもいいのですが、一人では荷が重いときや、多くの人や部署を巻き込まないと動かないときは、部署横断型のチームをつくると、よい結果を生みます。
このような組織をつくることを「横ぐしを刺す」とも表現します。通常、組織には縦割りの壁があるので、その壁を壊し、部署の利害意識を薄くして、さらに協力関係を高める効果もあるのです。

従来の組織のあり方にこだわらず、状況に合わせてチームをつくったり、組織を変えたりすることができる管理職は、組織をうまく機動させられる素晴らしい存在です。

リスクを最小に抑える方法を考える

　先ほどは、この案件は絶好のチャンスだという視点をお話ししましたが、一方でリスクを見抜くことも忘れてはいけません。

　管理職として成功することだけを頭に入れて事を進めるのはよくありません。もし失敗したときはどうするのか、という視点もあわせて持っておくべきです。

　このときに使いたい思考法が「ミニマックス思考」で、損失をできるだけ少なくする考え方です。

　今回の案件で言うと、イベントを開催するとしたとき、期日をずらせないかと調整したり、本社の人間を立ち会わせて問題が起きたときにカバーしてもらうなどの行動計画がそれにあたります。

　放送中に事故が起きることもあるので、警備員を増員するなどリスクを減らす対策を考えるプロセスも踏みたいところです。

　「そんなことが起きるとは考えにくい」と思うことであっても、優秀な管理職であれば必ず対策をたてておきます。それは、「もし事故が起きたとき、最悪の場合は再起不能になるくらいの損失が発生する」ということを見抜いているからです。

　ですから、今回の生放送中にトラブルが起きたとしたらどうするか、そのリスクを限りなく減らす方法は何か、という対策も考えておきましょう。

▶モニター回答例

TO　荻野様
CC　錦織副店長

はじめまして、この度店長として着任する椎名と申します。
前任の杉内が急病で入院しており、代わりに返信いたします。
イベント決定ありがとうございます。ぜひ実施したいのですが、
当日、館内で設備工事が実施される予定で、現在調整中です。
対応は副店長の錦織に任せております。
調整いただければ幸いです。

TO　錦織副店長
CC　工藤部長

この件ですが、TOP電気対抗にも活用できるので、[案件5]を調整のうえ、実施する方向で進めてください。
メディアということもあり、工事の件も含めしっかりと細部を詰めないと、逆に悪評が出るリスクがあります。ですので、関係各所と連携を取り、進めてください。
また、この機会を最大限活用するために、チーフもしくはサブチーフから企画チームをつくり、TOP電気と差別化する商品やサービスの紹介を提案してください。
リーダーは錦織さんに任せます。
大変な機会ですが、あなたなら成功させられると確信しています。
本社や部長には、私から根回しをしておきます。

TO　工藤部長

当案件ですが、当店にとってはプラスであり、実施します。
錦織に任せておりますので、ご支援よろしくお願いします。
また、広報部には情報共有を、商品部には新商品の提供など
ご支援のほどいただければ幸いです。

1

2

3

4

5

6

チェックポイント

☐このイベントを機会ととらえ、効果の最大化を狙っている。
☐関係各所に根回しをしている。
☐組織横断型のプロジェクトチームをつくっている。
☐リスクを把握して最小化しようとしている。

案件8の解説

差出人	総務部部長　石井武久
題名	［通告］ペーパーレス化進捗報告について
宛先	ペーパーレス未報告店舗
ＣＣ	本社各本部長　本社各部長
送信日時	20XX年9月16日　11:33

ペーパーレス30プロジェクトがスタートして7カ月が経ちました。
6カ月目の進捗報告を各店に依頼しておりましたが、貴店から報告を
いただいておりません。
当件は、営業本部長からも全店長に発信されています。
各店での報告を徹底願います。

◎参考
帳簿電子化法が3年後に制定されるにあたり、一定期間保存を定めて
いる伝票類の電子化を進める目的で「ペーパーレス30プロジェクト」
が発足した。電子化システムを8億円かけて開発し各店に導入している。

重要な案件にこそ時間を配分する

　仕事はすべて完全にやり遂げたいものですが、管理職の仕事になるとそれは到底現実化できないと思ってください。管理職の業務範囲はかなり広く、そこから多くの問題が発生します。もちろんルーチンワークと呼ばれる仕事も相当あります。

　ですから、すべてを完全に処理をするという仕事の進め方からは脱却しましょう。手を抜けというわけではありませんが、メリハリはつけるようにしてください。

　インバスケットでは優先順位の高い案件は、深く掘り下げて処理するようにしてください。回答欄にぎっしり、いやはみ出るくらいに書き込むイメージです。

　一方で、さほど重要ではない案件に関しては、書くスペースや取るべきアクションが思いついたとしても、ある程度抑えて書くくらいがいいでしょう。なぜなら、重要ではない案件に多くの時間とパワーを注ぎ込むと、重要な案件の処理ができないからです。

　先ほどの回答欄の埋め方で言うと、半分くらいか数行でいいと思います。

　今回の［案件8］は、タイトルを見ると重要そうに感じてしまいますが、ほかの案件と比べて、処理をしないときの影響を考えてみてください。店の運営にどれだけの影響が及ぶかを想像すると、軽いかもしれません。

　そのような案件は部下に任せるか、できるだけ時間をかけない処理をすることが大事です。

部下に自店の情報を出させる

　この案件で取るべき判断は、部下に報告を指示することと、自店で業務がどのくらい進んでいて、あるいは進んでいなくて、そこにある問題は何なのかという情報を集めることです。

　あわせて、この案件で部下があなたの指示通り総務部に報告をあげた内容を、CCなどであなた自身にも共有するよう指示を出しておくことも大事です。管理者として、部下が他部署に報告や連絡をした内容を知っておくことは、当事者意識がある行動だからです。

チェックポイント

□自店の現状を把握している。

5

案件9の解説

案件9　有休取ってもいいですか？	

差出人	尼西店携帯・小物家電フロアフロアチーフ　森 拓也
題名	休暇取得願い
宛先	尼西店店長　杉内哲也
ＣＣ	
送信日時	20XX年9月10日　17:28

お疲れ様です。
10月15日から11月3日まで有給休暇で、お休みをいただきます。
よろしくお願いします。

定量の条件付き承認と判断精度の高い保留

　この案件はほかの案件に比べて、それほど重要性は高くないものの、管理職としては少し問題視点を持つほうがいいでしょう。

　フロアの責任者が２週間も不在になるということで、その不在期間中の業務引き継ぎや運営体制についてヒアリングを入れるなど、安定した組織運営という視点での問題意識を持ちましょう。

　有給休暇は法的に拒否できませんが、業務上支障が出そうな場合は、時期の変更を話し合うなどの対案は出すことができます。

　これに関しては「条件付き承認」という判断手法もあります。条件をクリアすればＯＫという判断で、例えば、「引き継ぎ書を提出し、業務上障害がないことが確認できたら許可します」というように、条件を定量的に設定することです。

　もう一つの言い方、「問題がないならいいですよ」という条件の出し方は避けてください。「問題がない」という部分で両者の解釈が違う場合、あとあとトラブルにつながるからです。条件付き承認の条件は、「定量的」であることが必要です。

　また、「運営上の支障」について、着任後自分の目で確認したいなら、「保留」という方法でもいいでしょう。判断の精度を上げるということは、「すぐに判断する」ということではありません。

　今回のように返答期限がまだ確定していないのであれば、情報を集めてから判断するほうが、判断の精度を上げることにつながります。

問題発生時の支援体制をつくる

　管理職の仕事は、舞台袖にいる監督のような側面があります。つまり、舞台で演技をする役者が働きやすいように、見えない部分で行動します。今回の場合は、フロアの責任者が2週間不在になるということで、店内の応援体制をつくる行動もそれにあたります。

　このことをインバスケットでは「計画組織力」であるとして評価します。具体的な行動例としては、次のようなものがあります。

・別フロアのリーダーに期間限定でそのフロアを見てもらう。
・問題があったときに対処してもらえる支援体制をつくる。

　本部や他店にも「根回し」をして、何か問題があったときに備えるという行動も支援体制の構築です。

　店長である自分が助けるという「直接支援」という方法もありますが、どちらかと言うとそれは最終の手段として残しておいて、誰かに協力してもらう「間接支援」の体制をつくることに力を入れてください。管理職のあなたには、やるべきことがたくさんあるのですから。

チェックポイント

□即断をしていない。
□支援体制を構築している。

案件10の解説

案件10　配達でトラブルがありました	

差出人	尼西店配送チーフ　酒田賢治
題名	本日の日報
宛先	尼西店店長　杉内哲也
ＣＣ	
送信日時	20XX年9月12日　16:37

報連相です。

本日の配送中に少し困ったことがありましたので、連絡します。

伝票番号TY20033654の神山様のお宅に洗濯機を届け、設置したのですが、引戸の開口寸法が1cm足りず、玄関を通りませんでした。

何とかパッケージを外し、部品を分解し、引戸を外して通しましたが、作業に1時間多くかかってしまいました。

最近導入した配送連絡システムがあるのですが、以前通りメモ書きで売り場から顧客情報が回ってくるので、やんわりとお伝えいただけないでしょうか?

ちなみに、売り場の忙しさはわかっているつもりです。

配送係は、売り場ががんばって販売してくれた商品を届けるのが仕事と思っていますから、たいていは何とかしますが。

この案件は緊急性が低いので、あまり時間をかける必要はありません。ただ、以下のポイントが書かれていれば素晴らしいので、参考にしてください。

部下への労いや感謝の姿勢は大事

部下に「労い」や「感謝」の言葉をかけると、部下は嬉しくなってモチベーションが上がったり、指示内容を上回る動きをして成果を上げてくれたりします。あなたの話を受け入れて、指示した仕事を期待以上に仕上げてくれるというわけです。

人としてごく自然な言葉ですが、忙しくしていると案外抜けがちです。とくにインバスケットでは、時間的制約などのストレスの影響で、日ごろは使っているこのような労いや感謝の言葉が出なくなってしまい、とても残念な結果になることが多いものです。回答を書くときには意識したいものです。

労いとは、日々の仕事の大変さを理解して、「大変な仕事をしているね」「努力したんだね」などの言葉をかけることです。
感謝は、その人の業績や功績に対して、「助かったよ。ありがとう」などの言葉でお礼を伝えることです。

ただし、インバスケットは限られた時間の中で、どれだけリーダーとして評価される行動を表現できるかが勝負です。感謝や労いの言葉を連ねるのは感心しません。適度に活用してください。
今回の案件では、売り場のミスをフォローしてくれたことに対して評価や労いなどの言葉はかけたいところです。

会社にある経営資源を有効に使う

　マネジメントとは、人・もの・金・情報・仕組みという経営資源を上手に活用して、最大の結果を生み出すことが目的です。今回は「もの」という部分に注目してみます。

　会社が持つ経営資源を有効に使えていないのは、管理職にとって問題視される部分です。システムを有効に使えていないのはなぜか、という問題点を深掘りして、現場をヒアリングするなどの行動を取りましょう。

　ここで大事なことは、「このシステムを使いなさい」という指示を出すのではなく、「なぜ、このシステムを有効活用できていないのか」というアプローチをしていくことです。

　すると、例えば「教育」「仕組み」「風土」のような会社として根本的な問題が見えてくるかもしれません。そこがはっきりしてきたときに目の前の問題を解決すれば、関連性のあるほかの問題の解決にもいい影響をもたらすでしょう。

> **チェックポイント**
> □労いや称賛の言葉をかけている。
> □システムの活用状況を問題視している。

案件11の解説

差出人	尼西店ＡＶ機器・照明器具フロアフロアチーフ　本田　誠
題名	ＦＷ：［重要］重点販売商品コンクール結果
宛先	尼西店店長　杉内哲也
ＣＣ	
送信日時	20XX年9月11日　13：20

店長のご指導のおかげです。

・引き続き拡販を続けます。

・メーカー様工場視察はサブチーフの佐藤君に行ってもらおうと思います。

・副店長はお母様の介護で無理とのことです。

・もう一人は配送の酒田さんがよいかと。彼の尽力があってのことです。

・店長会議での表彰の件よろしくお願いします。

▶転送元メール

差出人	本社商品部ＡＶ機器仕入れ担当　奥野典秀（チーフバイヤー）
題名	［重要］重点販売商品コンクール結果
宛先	尼西店４階フロアチーフ　本田　誠
ＣＣ	
送信日時	20XX年9月10日　11:13

この度は三条電機バイソンテレビ販売コンクールに多大な尽力をいただき
ありがとうございました。

先月まで実施しておりましたコンクールの結果報告がメーカーからあり、
貴店が全国1位に入賞されたとのことです。おめでとうございます。

売り場でのダイナミックな展開と積極的な接客、そして即日設置サービス
など独自の取り組みに脱帽です。

来月の店長会議で表彰があるのですが、まずは賞としての三条電機ベトナ
ム工場視察旅行４泊５日（10月15日出発予定）の２人の選出をお願いした
く。氏名だけでも結構ですのでお教えください。

詳細は三条電機の下野さんが貴店を訪問します。

直接・間接に部下を褒める

　部下を褒めるという行動は、ヒューマンスキルの発揮として評価されます。今回のようにコンクールに入賞したとか、販売実績が素晴らしいものに対しては、惜しげなく称賛の言葉を贈りたいものです。

　このような言葉をかけられると、部下としては嬉しくやる気も出て、さらに業績を上げてくれることを期待できます。

　この部下を褒める行動を「称賛」と呼び、いくつか方法があるので紹介します。

褒め方

| 個別 | 全員の前 | 間接的 | 表彰 |

　まず一般的な方法は、本人を直接褒めること。次は、まわりに伝えたことが本人に伝わる間接的なこと。本人も出席している会議やミーティングの場で表彰する方法もあります。

　称賛は、本人も喜び、それを聞いたほかの人たちも、そのような行動をすれば同じように称賛されるのだと理解します。

　また、管理職のさらに一段上の上司から褒めてもらうという方法もあり、一流の管理職はよく取る行動です。

　どちらにしても、「叱る」「指導する」に加えて「褒める」という行動を取りたいものです。

　今回のケースでは、店長会議での表彰に合わせて、少なくとも本人にお祝いのメール程度は送っておいてください。

成功体験の行動を水平展開する

「ベストプラクティス」という言葉をご存じでしょうか。成功体験という意味です。

　メンバーの誰かが成功体験をしたときは褒める、という話をしましたが、ここではその成功体験をさらに有効活用する管理職の技の話です。

　一人の成功は、その人の能力の表れですが、その方法を部分的にでも他のメンバーに取り入れると、組織全体の業績や効率を向上させる効果が期待できます。

　ですから、成功体験をまわりが共有する仕組みをつくることです。あわせて、その仕組みをマニュアル化して、誰もが同じ行動を取れるようにすると、管理職としてはとても評価されます。

　今回の案件では、配送部門とタッグを組んだという情報があるので、ここは店舗全体の戦略を立てるうえで、キーポイントになります。

　成功体験を報告してもらって、店舗全体で活用する方法を編み出してください。

チェックポイント

□称賛の言葉をかけている。
□成功体験を水平展開している。

案件12の解説

案件12　ライバル店に対抗しよう！

差出人	尼西店副店長　錦織幸生
題名	ＴＯＰ電気対抗イベントの進捗報告
宛先	尼西店店長　杉内哲也
ＣＣ	
送信日時	20XX年9月14日　14:32

おはようございます。

先日は、お気遣いありがとうございました。

母は、一般的に呼ばれている「サービス付き高齢者住宅」に入ってもらう手続きをしておりますが、自治体からの補助を超える出費が予想以上に大きく、家族と相談している段階です。

さて、ＴＯＰ電気の対策イベントですが、なかなかまとまっておりません。顧客から見ると価格ははるかにＴＯＰ電気が安いので、サービス面での強化という方向になるかと思います。しかし本社からの支援は少なく、店舗だけで実施するには限界があります。

何か助言をいただけないでしょうか？

個人の事情でも最大限の配慮をする

まず、部下へのプライベート案件の対処法を考えてみましょう。

部下も、それぞれの環境で生活しており、さまざまな問題を抱えています。上司として、ある程度は部下が直面している問題を知っておくべきですが、介護は個人的なことなので、必要以上には関わらないことも勇気ある判断としておいてください。

では、どのラインで区別するべきかです。それは部下の抱えている問題が業務に支障が出るか出ないか、というところで線引きするのが望ましいでしょう。

サポートの方法としては、業務時間の調整や、業務内容の見直し、会社として支援の検討、配慮や労いの言葉をかける、などがあります。あわせて、個人の領域に入りすぎない程度に、自分の経験からの助言や情報提供などをします。

今回の副店長は、別案件で海外での人事異動の話があります。また［案件11］でも介護の情報が出ているので、それらを関連づけて、別途直接、情報を聞く場を設定するなどの行動が適切でしょう。

公私の事情をよく聞いて判断を下す

自分がいなくても仕事を進める

　インバスケットでも管理職の仕事でも同じなのは、自分が不在でも仕事がまわり続けるようにすることです。

　このメールの内容を見る限り、放置するとライバル店への対策案づくりは止まってしまう恐れがあります。ですから、「着任する前であっても、叩き台をつくっておくように」と指示を出すのが望ましいでしょう。

　そうすることで、あなたが着任したすぐあとで、その叩き台を修正していくように指示も出せます。

　このように、自分が次の職務につく前で、まだあからさまに手を出せない状態であっても、案件処理を水面下で進めていくようにする指示を出せるように意識してほしいものです。

「縁の下の力持ち」のイメージで関わる

　部下に仕事を任せるという手法は「計画組織力」と言い、リーダーとして組織や部下を上手に使っているという評価をされます。しかし一方で、管理職として任せきってしまうのは問題です。

　そこで、管理職として少し頭に汗をかいてほしい部分が、「どこに関わるべきか」というところです。

　副店長の仕事の領域に踏み込むと、自信喪失や成長の阻害要因になる危険性があります。ですから、縁の下の力持ちのようなイメージで、根回しや情報収集、協力体制の構築などの部分で関与するようにしてください。

　また、指示をした内容について報告してもらうことも、当事者意識の高さとして評価される行動です。

　今回のケースで、副店長に対策会議を開催する連絡を関係部署に入れさ

せるとしたら、あらかじめ上司や本社の関係部署に事情を知っておいてもらうなどの「根回し」をしておく方法もあります。

　あわせて、自分が持っている情報を共有する行動もいい支援です。例えば［案件11］の成功事例や［案件16］のイベントなどの情報、［案件20］のライバル店の情報を共有すると、副店長が自分で解決案を出す手伝いができそうです。

　そして、いつでも部下が相談しやすい空気をつくるために、「協力を惜しまない」という言葉を公にしておくこともいいでしょう。

> **チェックポイント**
> □副店長へ配慮や労いの言葉が入っている。
> □案の叩き台や考えをまとめさせる指示をしている。
> □店長として支援の行動を取っている。

案件13の解説

案件13　役員会で決まったことです

差出人	関西エリア営業部部長　工藤明夫
題名	営業本部長より連絡
宛先	関西エリア全店店長
CC	
送信日時	20XX年9月14日　15:03

本日エリア部長会議があり、年内をもってメーカー派遣販売員の受け入れを終了する方針が取締役会で決定したことが伝えられた。

これは、当社が家電販売業から生活提案企業に変革する大きな方針転換である。

従来のメーカー派遣販売員に頼る売り場運営は、現場の接客労力や売り場メンテの労力が低減する一方、顧客に対して一定の商品の提案しかできないデメリットがあると私は痛感していた。

直営販売員に切り替えることでソリューションを提案し、ＴＯＰ電気との価格競争から脱却し、差別化を図れる。

私もこの判断には絶対的賛成の立場であることから、関西エリアが先駆けとしてメーカー派遣販売員について、10月をもってメーカーに対し派遣受け入れを中止することとしたい。

各店の店長は同意のうえ、準備を進めてほしい。

現場情報と上からの指示を整理する

　インバスケットでは、さまざまな部署から異なる方向性の指示がされることがあります。

　今回は、役員会の決定と［案件4］の経営企画部からの提案など背景事情がたくさんあり、そのすべてをそのまま受け入れて現場に落とすと大混乱が生じる恐れがあります。

　そのため、管理職は現場情報や上からの指示を整理する必要があります。上司からの指示だからそのまま受け入れるのではなく、どのような背景があるのか、別の指示との関係性をどうとらえるのかなどを整理してまとめます。

相手が上役でも自説を毅然と伝える

　組織に籍を置いていると、あまり波風を立てないようにするのが上手な過ごし方なのかもしれません。とくに上層部からの方針に逆らっても、ほとんど効力がなく翻弄されるような感じがします。

　であれば、方針は方針としてそのまま現場に伝えて実行していくのがいいのかと言うと、そうではありません。

　上司や上層部の指示であっても、自分の考えが明確にあれば、毅然とした態度で伝えるべきです。

　上司や上層部がいつでも正しいということはあり得ないどころか、現場の声を上層部に伝えるのが、情報の交差点に立つ管理職としての役割だからです。

　ここで注意したいのが、組織や上層部にたてつくという意味ではなく、もっといい案を提示するというスタンスで伝えることです。

　今回の案件に対して、あなたが考える方向性と異なる指示であれば、自分の考えはこのようなものであると伝えることが、管理職の仕事です。な

ぜなら、あなたがこの部署のリーダーなのですから。

　もちろん、そのうえで上司や関係部署と調整して、妥協する部分はあるでしょう。ただ、そのときも自分の意見を押し殺すのではなく、まわりを巻き込んででも自分の仕事を進めるくらいの「巻き込み力」を発揮するために、意思決定と伝達はとても重要なのです。

言うべきことは言う

漏れなく平易に自説も入れて伝える

　方針を上司から受けたら、現場に伝えなければなりません。そのときのポイントは3つあります。

①漏れがないこと

　メールで全スタッフに一斉メールを送るのが一般的ですが、あわせて各部署の責任者に、ミーティングなどの場で伝えさせるなど徹底する方法を取ります。

②咀嚼して伝えること

　上層部からの言葉をそのまま使っても、現場が理解できなければ伝わりません。わかりやすい表現に言い換えたり、たとえ話や引用を混ぜるといいでしょう。

③自分の考えも必ずそこに入れること

　批判などのネガティブな意見を入れろということではありません。方針を理解したら、それを実行する必要性やメリットなどについて、あなたの考えを加えると、現場は受け入れやすくなります。

今回の方針では、不確定な要素はあるものの会社の方向性として「差別化」「ソリューションの提案」を背景として自社販売員に切り替えるということは伝えていいでしょう。

　もう一つ大切なのは、伝えるタイミングや伝える相手の絞り込みです。無用な心配やトラブルを避けるためにも、今回の情報は「内密にする」などの言葉をつけ足したり、まずは一部の幹部にとどめるという判断が必要なこともあります。

長期的な戦略思考で判断する

　現場には、この案を自店に導入することにためらう人がいるかもしれません。それぞれの持ち場での混乱やモチベーションダウンなど、懸念事項もあります。

　たしかに短期的にはデメリットがあるかもしれませんが、管理職としては中長期的な視点でとらえることが大事です。

　とくにライバル店との競争が激しい中で、持続的に優位な立場を確保し続けるにはどうしたらいいのか、ということです。

　このように考えることを「戦略思考」と呼びます。大事なのは短期的にライバルに勝とうという視点ではなく、今後もライバルより優位な立場を取り続けるという視点です。

　したがって、短期的には不利益があったとしても中長期的な視点でメリットが多いのであれば、それは管理職として受け入れなければならない判断ということです。

　実は、この戦略的思考を持っている管理職は比較的少ないので、逆にこの思考を持っていると、ライバルに差をつける回答が書けます。

反対するなら代替案を同時に出す

　方針を現場に落とし込むときに、もっといい導入方法がないのかと考えることは大事です。

　おそらく判断するときに迷うのが、メーカー派遣販売員の受け入れをすべてやめるという部分だったと思います。

　この選択肢をそのまま受け入れると、たしかに現場は混乱したり、取引先との信頼関係上、リスクになることも発生するでしょう。

　そこで、ほかに選択肢はないのかと考えるのが「創造力」です。例えば、一部のフロアから順次導入するという方法もあります。またＷＥＢを使ったメーカーオンライン相談窓口を設置する方法もあります。

　このように、いくつかの代替案を出すことで、さらにいい効果が生まれることがあります。

▶モニター回答例

　ＴＯ　工藤部長

　ご連絡ありがとうございました。ご指示と方向性、承知しました。
　私も電化製品を売るのではなく、電化製品を使う暮らしをお客様に提案したいと思っています。
　一方で、メーカー派遣販売員はおそらく私たち直営販売員が知らないほどの豊富な知識を持っているとも思います。
　そこで提案ですが、メーカー派遣販売員を段階的に減らしていく試みを、当店でやらせていただけないでしょうか。
　そうすることで直営販売員の教育も行い、相乗効果を最大化する方法を見いだせれば、他店にも水平展開できるのではないでしょうか。
　直営人員だけで接客を賄う方向は同じですが、ＴＯＰ電気との差別

化を図るためにも戦略的に取り組みたいと考えています。

着任後すぐに連絡させていただきますので、その際にぜひご意見を賜りたいと考えております。

TO　副店長

メールを転送しますが、極秘事項ですのでチーフ止めで内密に願います。

本社と部長の方向性でメーカー派遣販売員の受け入れをやめる可能性があります。

当店では何人かを受け入れており、その方々がどれだけ業績に寄与しているのかを数値でほしいです。また、あわせて直営販売員との比較ができると嬉しいです。

まだ決定ではありませんが、副店長の意見も着任時に聞かせてください。

チェックポイント

☐自分の考えを毅然と伝える。

☐方針を伝えている。

☐戦略的な思考を持っている。

☐具体的なアイデアを提案している。

案件14の解説 ✏️

差出人	本社お客様センター長　新井良子
題名	センター受付　顧客のお声
宛先	尼西店店長　杉内哲也
ＣＣ	
送信日時	20XX年9月15日　20:13

9月15日受付　「顧客の声」

受付番号　PO2076-67

受付方法　「受電」　担当　西川未瑠

内容：

尼西店3階の野々宮さんという店員さんを褒めてあげてほしい。

お客様が100円玉を冷蔵庫の下に落として奥に入ってしまい困っていると、野々宮さんが対応してくれた。営業後に冷蔵庫を動かして見つけ、翌日、配達の方が自宅に届けてくれた。100円玉もきれいに拭いてくれていたのには感動した。　　　　　　　　　　　　　　　　　　　　　　以上

※該当案件がクレームの場合は、クレーム報告書とともに完了報告書をセンターまで報告願います。

称賛をしつつ情報を共有する

　この案件自体はそれほど重要性は高くないので、無視しても構いません。あえて回答を書くなら、先述した称賛という行動を取るか、部下全員に対して、この案件について称賛の言葉を添えて共有してほしいですね。

チェックポイント

□称賛の言葉をかけている。

案件15の解説 ✏

差出人	株式会社デトロイト大阪支社特販課　吉野川徳郎
題名	［貴店限定企画］のご提案
宛先	尼西店店長　杉内哲也
ＣＣ	
送信日時	20XX年9月16日　14:28

突然失礼いたします。私たちは東大阪市に本社を置く生活家電メーカーです。期間限定でクオリティの高いセラミックヒーターを、貴店に特別価格でご提供する提案でございます。

セラミックヒーター　シグマ909
製品詳細はこちら　https://detoweb.co.jp/shgma909/
店頭参考価格12800円　通常納品価格6800円→貴店限定価格4900円
100台仕入れていただけると30000円のキャッシュバックを実施
販促物や販売員派遣もご相談に乗ります。
適用条件
完全買い取り制
まずは下記からお問い合わせください。
2営業日以内にご返信します。

株式会社デトロイト
大阪支社特販課　吉野川徳郎
大阪市西区多田9-4　関本ビル4階
コーポレートサイト:https://detoweb.co.jp/
E-mail:info@detoweb.co.jp

無視したほうがいいこともある

このメールの内容に魅力を感じたり、取引先だから返信くらいはしておくべきだと考える人は多いと思います。そのようにしたいという思う人も多いでしょう。

ただし、インバスケットでも実際の管理職の業務でも、限られた時間で処理しきれないほどの案件が押し寄せています。

ですので取捨選択。とくに捨てるという部分がとても重要になります。できるけどやらない、興味はあるけど無視する——このような判断も管理職の仕事の一環だと割り切ってください。

どうしても対処したい場合は、該当部署に転送するなどの処理にとどめてください。

チェックポイント

□無視するか最低限のアクションに限っている。

案件16の解説

案件16　撮影会が無事終了しました	
差出人	尼西店カメラ・ＰＣフロアフロアチーフ　松坂 亮
題名	ご報告
宛先	尼西店店長　杉内哲也
ＣＣ	
送信日時	20XX年9月13日　18:07

本日実施の「西野無線大撮影会」は無事終了しました。

撮影講師の奥川真一先生と友井川裕子先生も、ご満足してお帰りいただきました。店長によろしくとのことでした！

できれば年始あたりに尼西浜あたりで大撮影会の2回目を行いたいです。

やはり野外のほうが顧客は集まりますから。相談させてください！

今回の企画で、商売の本質が見えたような気がします。

カメラを売るのではなく、サービスというか顧客に楽しみを売ると、自然と利益がついてくるのですね。手間はかかりますが、これが商売だという実感が湧きました。

関連案件はメモとして残しておく

この案件も、重要性はそれほど高くありません。しかし、ライバル店との差別化のヒントになるかもしれないので、戦略的な判断の材料になる可能性があるという心づもりの程度にしておくといいでしょう。

例えば、［案件12］で活用したり、［案件13］で上司に情報共有するなどに使えるでしょう。

また、カメラフロアの利益は昨年度より伸びているのが［資料6］でわかります。今回の案件を関連づけると、今後の戦略や方針を立てる材料になるかもしれません。

このように、案件自体には取るべきアクションの根拠が薄くても、ほかの重大な判断に関係しそうな案件を「関連案件」と呼びます。

例えば、「ライバル店との差別化のヒントになる可能性がある、後日ヒアリングのうえ、他部門でも挑戦できないか検討」と、メモで残しておくといいかもしれませんね。

これが評価につながるかどうかは採点者しだいですが、メモ書きで回答用紙に書いておくことをおすすめします。

チェックポイント

□情報を共有している。

案件17の解説 ✏️

差出人	尼西店総務チーフ 相馬翔子
題名	申し訳ありません
宛先	尼西店店長　杉内哲也
ＣＣ	
送信日時	20XX年9月12日　19:10

相馬です。ご不在だったのでメールで失礼します。

店長にお詫びしなければならないことがあります。

昨日、尼西建設管理局の小沢様から電話で問い合わせがあり、当店2階の
イベントコーナー増設に関して、必要な届け出が出ていないと指摘されま
した。

本社総務部に確認すると、イベントコーナーは開店時に倉庫として届けて
おり、売り場として使用する際には、条例に基づいて申請が必要だったと
のことです。

言い訳になりますが、私自身もあの倉庫がイベントコーナーになっている
ことを先月知りました。その際すぐに届け出なければと思っていましたが、
ほかの業務で立て込んでおり、後回しになっていました。

明後日、建設管理局にお詫びに上がります。

この度は会社に迷惑をかけ、申し訳ありませんでした。

トラブル解決には基本4原則がある

　管理職の仕事は問題解決業と言っていいほど、さまざまな問題が発生し、その多くが想定外のことが多いものです。そのような問題が起きたときに覚えておきたいのが、「トラブル解決基本4原則」の行動です。

トラブル解決基本4原則

①緊急的行動　　異常が発生したときに取る行動で、上司やまわりに異常を知らせたり、応援を求めたりする。

②応急的行動　　被害がそれ以上拡大しないように取る行動で、起きているトラブルに対して何らかの対処をする。

③原因追及行動　トラブルが発生した原因を探る。

④再発防止行動　同じようなトラブルが発生しないように対処する。

　今回のケースでは、部下の対応でトラブルが収まると考えるよりも、トラブルが現在進行中であるととらえるほうがいいでしょう。

　まず、異常が起きていることを、上司や本社の関係部署に報告すること

が「緊急的行動」にあたります。

　次に、起きたトラブルの被害を最小限にとどめるために、すぐに申請を行い、監督官庁へ店長であるあなたも同行してお詫びと今後の対応についての指示を仰ぐなどが「応急的行動」になります。

　さらに、どうして今回のような事態になったのかを、関係者を集めて話し合い、原因を追及します。よくヒューマンエラーという言葉でトラブルを片付けてしまいがちですが、真の原因を探らないと、今後の再発防止策につながりません。これが「原因追及行動」です

　最後に「再発防止行動」です。インバスケットでは、このプロセスを完全に遂行するには時間が足りないと思いますが、せめて再発防止策を検討するという意思だけでも回答に書いてほしいものです。

　あなた自身の回答にこの「トラブル解決基本原則」の行動４つが含まれているかを確認し、もし抜けがあれば、実際のトラブルのときにも起こり得るということなので注意してください。

部下が成長するように指導する

　部下を叱るとか指導するという行動は、管理職として必要な行動です。パワーハラスメントなどとは異なり、業務上大きな障害や危険が発生した場合や、本人の成長につながるなどの目的で改善を求めるという前提です。

　今回は担当者が多忙であることや、事実を知らなかったという理由を伝えていますが、行政への届け出ができていなかったことは重大なことなので、改善を求める旨の指導はしていきましょう。

　ただ、本人も失敗を認め重大さを感じているので、今回の指導は「諭す」程度でいいでしょう。このように部下を叱るという行動は、事態の重要性や部下のとらえ方などで、強弱をつけます。

　部下の言い分を聞いてから叱るという方法もありますが、そのときは、管理職として部下の失敗を見過ごすという姿勢よりも、部下を的確に指導するという意図があることを示しておいてください。

場づくり・仕組みづくりが大切

　トラブルを収めるという行動とは別に考えてほしい行動が、本質的な問題の解決です。

　今回の問題発生の背景の一つに、売り場が拡大されたことを総務チーフが知らなかったという情報共有不足があります。情報が必要な立場の人に共有されていなかったという状況は、ほかでも重大なトラブルが発生する可能性を残しています。

　ですから、情報が必要な部署に自動的に流れて共有される仕組みづくりが、管理職として必要になります。

　例えば、定期的な情報交換のミーティングや情報共有システムの構築などもあります。また、店内のルールとして、売り場に変更を加えるときには、上長の許可や全チーフに連絡することを義務づける取り決めも有効ですね。

　このように、トラブルが起きたときは、現在の仕組みでは対応できない証拠なので、改善のきっかけにしてください。

何に対しても当事者意識で向き合う

　今回のトラブルは、前任者の在籍中に起きたことであり、あなたはそれに巻き込まれているということかもしれません。しかし、管理職として指名を受けた時点で、過去のトラブルであっても、あなたのマネジメント範囲で起きたこととしてとらえてください。

　このように自分に求められていることを察知する意識を「当事者意識」と呼びます。

　今回のケースでは、店長としてどのような責任の取り方をするべきなのかを考えて、チーフと一緒に監督官庁にお詫びに行くという行動は取ってほしいものです。

▶ モニター回答例

TO　相馬チーフ
CC　副店長　工藤部長

連絡ありがとう。ミスは誰にでもあるものです。私も処理に加わりますので安心してください。
取り急ぎ、副店長と一緒に再度、建設管理局にお詫びに行って指示を仰いでください。私も着任後、お詫びに行くとも伝えてください。
そして、指示内容を部長及び本社総務部と共有して、対応してください。
忙しいのは理解できますが、行政への届け出は当店運営に支障が出る恐れがあるので、今後も同様の案件が起きないよう副店長とともに再発防止策を検討し、着任後に聞かせてください。

TO　副店長

今回は相馬チーフのミスのように見えますが、売り場変更などの重要な情報が各部署に共有されていないのが大きな問題だと思います。
なぜ売り場変更が共有されていなかったのか、原因究明をお願いします。
あわせて連携強化の案も聞かせてください。
ほかに行政届け出がされていない箇所がないかもチェックをお願いします。

TO　工藤部長

この度は失態を犯し、申し訳ございません。
関係各所へは、着任後にお詫びと指導を仰ぎますが、まずは関係部
署に共有していただければ幸いです。

> **チェックポイント**
>
> □「トラブル解決基本4原則」の行動が取られているか。
> □部下に適切な指導を行っているか。
> □仕組みづくりなど本質的な解決に取り組んでいるか。
> □自ら直接解決に乗り出しているか。

案件18の解説

案件18　不良在庫が多すぎます

差出人	尼西店玩具・ＤＶＤフロアサブチーフ　菊池恵里
題名	倉庫のＤＶＤ
宛先	尼西店店長　杉内哲也
ＣＣ	
送信日時	20XX年9月12日　17:40

昨日伝えました倉庫のＤＶＤの在庫状況です。

タイトル数　402

在庫売価ベース　252万円

内容は限定品や特典付きが大半

ほとんど価値なし

終了しているアニメも多数

※ＤＶＤはチーフの担当ですので、私が口を出すことができません。

　個人の嗜好を仕事に持ち込むやり方は、もう顔を見るのもストレスです。

限界です。

原因究明には直接・間接の方法がある

異常な事態が発生した場合には、必ずその原因を探ります。これを「原因究明行動」と呼びます。

原因究明には、いくつかの方法があります。

①他人に調べさせて「間接的」に情報を得る方法

今回のケースでは、間接的な情報が入ってきたので、別の確認方法を取りましょう。

②自分の目で現場を「直接」確認する方法

これは潜在情報を収集するという行動になります。実際に現場を確認することで、他人からの報告にはなかった事実を知ることができたり、新たな問題を見つけることができます。

したがって、店長自ら不良在庫の内容を確かめるという行動があれば、評価につながります。

問題の向こうに別の問題が見えてくる

今回の問題は「不良在庫」という問題のように見えますが、実はもっと根深いところに問題があると見ることもできます。

一つの仮説ですが、フロアチーフだけが仕入れ業務にあたっている場合は、管理上の問題がいろいろ起こり得るからです。作業の属人化が進むと、その人が不在になったときに業務に支障が出るだけではなく、誰も知らない業務の領域であれば、不正行為の温床になり得るのです。

また別の仮説も立てられます。案件の中ではサブチーフとチーフの関係性がよくないような表現もあります。組織の縦横の関係性を問題視するのも、管理職としてはよい視点です。

管理職の仕事の一つとして、風通しのよいコミュニケーションが取れている職場づくりがあります。ただ、仲良くなりすぎて慣れてしまい、緊張感がなさすぎるのもよい職場とは言えません。適度な緊張感や見られている感をつくることも必要です。

　今回の問題で、フロア間や部署間の情報の流れや連携の体制、そして各部署内でも一体感に温度差があるのは気になります。この空気感を着任と同時に変えていくにはどこから手をつけていくかを考えるのも大事です。
　この案件からさまざまな改善点を発見してみてください。

効率的なチェック体制をつくる

　組織を運営していると、管理職として多くの指標や管理点を見なければなりません。その多さから、がんばってもいくつかの管理点を見逃してしまうこともあり得ます。
　そのような場合、あなたが確認漏れをしても自動でアラートが出される仕組みをつくっておくと、このようなミスは減ります。

　優秀な管理職は、このようなアラートが出る仕組みをつくるのが得意です。今回のケースで、不良在庫が大量に存在することが問題だとすると、不良在庫が一定以上発生したときにアラートが出れば被害は最小限に抑えられることになります。
　例えば、システムとして在庫高あるいは商品回転が一定以上悪化したら知らせが出るようにしたり、店内に在庫確認係を置くのも有効です。

　店長自らがんばるという姿勢は素晴らしいのですが、一方で、無理せず問題を解決できたり、問題が発生するのを事前に抑えることができるなら管理職としてはさらによい行動となるわけです。

シミュレーションで最適解を見つける

　不良在庫があれば処分しなければなりません。そうしたとき、管理職としては問題を解決するときに、どの程度マネジメントに影響するのかをあらかじめ押さえておくべきです。

　なぜなら、お金やもののコントロールをするのがマネジメントの仕事であり、損失が出るにしても事前に把握しておけば、ある程度カバーできる施策を検討できるからです。

　そのようなときに「不良在庫を処理した場合のシミュレーション」を指示します。シミュレーションとは「模擬的にあることを実行したときの影響度を数値で計算すること」です。

　例えば、ある備品を購入したいという申請が来たときに、その備品を購入したときの効果のシミュレーションを部下に出させるということです。

　シミュレーションしてみると、計画段階での数値と現実とのギャップや、最適な方法の構築に役立つので、実務でも何かを実行するときにはぜひ行ってみてください。

チェックポイント

☐「原因究明行動」を取っているか。
☐職場の雰囲気や環境を問題視しているか。
☐効率的なチェック体制を考えているか。
☐在庫処分のシミュレーションを行っているか。

案件19の解説

案件19　店長候補者は誰にする？	
差出人	尼西店ＡＶ機器・照明器具フロアフロアチーフ　本田 誠
題名	店長候補者研修の件について
宛先	尼西店店長　杉内哲也
ＣＣ	
送信日時	20XX年9月12日　11:41

いつもお世話になっております。

先週は「電撃の市」、お疲れ様でした。

私も久しぶりに手が痛くなるほど商品の梱包をしました。

お客様が常に並ばれている状態で、息をつく間もほとんどなく、

あっという間に閉店時間になっていました。

久しぶりに懐かしい充実感を感じた1日でした。

ところで「店長候補者研修」の推薦の件ですが、私ではまだまだ力不足の
ような気がします。チーフになってまだ2年で、諸先輩方を差し置いてと
いうわけにはいきません。

畑さんや松坂さんが適任かと思いますので、ご連絡いたします。

全体感をつかめる情報は有益

　この案件も緊急度は高くないので、精度の高い処理は必要ありません。ただ、このような情報からは、全体感をつかむことができます。

　この全体感は、インバスケットでとても重要です。なぜ前任者が、あえてベテランを差し置いて彼を店長候補者研修に推薦したのか。その情報を収集することで、職場の実状をつかめそうです。

　また、このイベントが盛況だったということから、今後の戦略を立てるうえで重要なポイントになりそうです。

　この案件は、情報収集という側面で有益です。

状況を総合して計画を立てていく

　今回、店長候補者研修があるとのことですから、おそらく彼の辞退が確定したときは、代わりの推薦者を指名しなければなりません。

　また、別案件では副店長の人事異動案件もあったので、店長としてはいち早く社員の特性やキャリアをつかむ必要があります。

　このような場合は着任後、順次面談をして、個人が抱える問題や今後のキャリアの方向性をヒアリングするなどが大切です。

　その実施度を上げるために、適任者を指名して面談のスケジューリングをしておくといいでしょう。

　これはインバスケットで明確なスケジュールをつくる行動で、「計画組織力」として評価されます。

> **チェックポイント**
> □全体感をつかんだ処理を行っているか。
> □計画的なスケジューリングをしているか。

案件20の解説

案件20　市議会議員からの礼状です

差出人	市議会議員　犬塚 信
題名	［お礼］ご挨拶ありがとうございました
宛先	尼西店店長　杉内哲也
ＣＣ	
送信日時	20XX年9月16日　10:13

先日はご挨拶いただき、ありがとうございました。

市議会議員の犬塚信でございます。

私は4期16年にわたり、さまざまな問題に対し、市民に寄り添い意欲的に取り組んでおります。

とくに尼西駅前再開発事業に関しては、駅前交差立体歩道の設置を懸案事項として強く推進しております。

現状の駅前歩道は、尼西市の市道ではない関係から拡張が難しく、雨の日は傘がぶつかり小学生や中学生の自転車の往来も多く、憂慮すべき状況となっておりました。

今回5年がかりで市に訴え、来年、予算を確保する運びとなりました。

これで市民を交通事故から守ることができ、本懐を遂げられます。

貴社においては、立体歩道部分と店舗が直接つながることで、ご商売には好影響をもたらすと思います。

貴社のライバル社のＴＯＰ電気さんが、配送無料サービスを拡張すると聞いております。

私としては貴社のファンの一人として、それを上回るサービスを展開してほしいと個人的に考えております。地元運輸会社などをご紹介できますのでぜひご相談ください。

キーパーソンとの関係を構築する

　一事業所のリーダーになると、社内の関係部署だけではなく、外部機関や地元有力者とも良好な関係を構築することが求められます。いわゆる人脈です。

　人脈は、仕事を進めるうえでメリットにつながります。具体的には、最新の情報が手に入り、また公になっていない潜在情報も得ることができます。あわせてさまざまな業界や知見のある方からの情報は、目標達成に役立ちます。

　逆に、情報を発信するうえでも、このキーパーソンを介することで広範囲に知らせることができるようになります。また、助言を得られる関係であれば、問題が発生したときに迅速に解決することができます。

　今回のケースのように、自社では成し遂げられないような駅からの人の流れを変えたり、また他社とのコラボレーションも魅力的ですね。

　ですので、着任したら、この市会議員に限らず官公庁・団体をはじめ関係各所に挨拶まわりをすることは、管理職として信頼関係構築の行動として評価されます。

社外との協力体制を構築する

　信頼関係の構築とともに、もう一つリーダーとして取りたい行動は「協力体制」をつくることです。これは事業所に何か問題が起きたときに助けてもらえる仕組みをつくるということでもあります。

　問題が起きたときは、自部署で対処するのが原則ですが、自部署だけでは解決できない問題であったり、問題が頻発したときは外部の支援が必要にもなります。

　しかし日ごろから関係をつくっていないと、いざというときに支援してもらえないという事態になります。そこで、リーダーは平常時から外部や他部署、上司に支援の依頼をしておくという行動を取るわけです。

情報は吟味して分析する

　今回、市議会議員からライバル社の施策に対して重要な情報が入りました。この情報を活用して対策案を検討するという人は多いと思いますが、ちょっと待ってください。その前にするべきことは「情報分析」です。

　とくに有力者の情報ということですが、事実と異なることもあり得るので、裏づけは必ず取りましょう。

　情報の裏づけとは、与えられた情報が事実なのかさまざまな角度から情報を収集して確認することです。

　以前、私はある新聞社から取材を受けました。そのときに、私の言っていることだけではなく、利用者や知見のある人にも裏づけ取材をしていて、正確な情報を発信する大変さを感じました。

　そこまで精度を高める必要はないのかもしれませんが、リーダーとして重要なことは、意思決定に使う情報は、それが事実だと安易に受け取らず、吟味して分析するというプロセスを大事にしてください。

チェックポイント

☐キーパーソンとの信頼構築を行っているか。
☐情報を分析しているか。

第 **6** 章

////////////////

回答例を分析して
合格に近づこう！

前章でモニター回答例を掲載した案件は、優先順位を高くすべき重要な案件です。それらをさらに深掘りします。優秀な管理職たちの回答例に触れて、あなたの考え方・行動のパターンやクセを見直し、ブラッシュアップしましょう。

優先順位設定を振り返る

「緊急度」と「重要度」で振り分ける

　まず問題の優先順位について今一度考えてみましょう。優先順位設定とは、どの案件から先に処理していくかという順番のことです。

　管理職になると、どのような現場であっても、すべての案件を同時に処理することは不可能です。それほど多忙なはずです。ですから、優先的に処理するべき案件を見抜く力が必要です。

　ただし、順位設定を個人の主観で行うと、本来優先度を上げるべき案件が上位に選ばれなくなる懸念が生じます。

　そこで、まず「緊急度」（決められた時間内　例：納期や約束の時間）と「重要度」（処理しないことによる影響　例：迷惑、金銭的損失）の2軸で考えます。この方法を取ることで、期限に引っ張られたり、個人の思い込みに左右されたりすることが減り、優先順位がつけやすくなります。

　インバスケットに慣れていない人は、右ページのマトリクスを参考に、案件をそこに記入して整理してみるといいでしょう。では、実際にどの案件を優先するべきかを考えていきましょう。

　まず、ここで一番大事なことは適正な「視座」で見ていくことです。視座とは、どのような立場で物事を見るかという視点のことです。

　優先順位設定が上手な人は、管理職の視座で物事の重要性を見抜きます。一方、的外れな人は現場（今の立場）の視点で見ていくわけです。この視座のずれをなくすことが、上達するポイントです。

　第4章の演習問題は、主人公が家電量販店の店長という設定です。店長は、エリア基幹店という大きな事業所の管理職です。部下は80人超、売上高は20億円の規模です。そして各フロアにはチーフとサブチーフがいます。

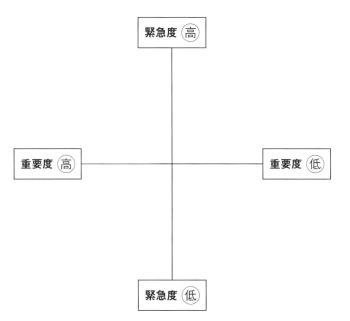

全案件を「緊急度」と「重要度」でプロットしていく

　求められている役割を認識することも大事です。ライバル店が出店して
きて苦戦を強いられているので、業績回復が求められています。それも短
期的ではなく、今後持続的に業績を安定させてライバルに打ち勝ち、基幹
店を運営しなければなりません。失敗するとフロア縮小などを強いられ、
あとがない状態です。

　こうした「経営環境把握」と「役割認識」は、インバスケットなら、ま
ず押さえておくべきことです。

現役管理職たちの設定と比べてみる

　この演習問題に回答してくれた各業界のリーダーがつけた優先順位設定
を、次ページにプロットしてみました。

　この結果が絶対的な正解ではありませんが、実際の採点では多くのリー
ダーが選んだ順位とあなたが選んだ順位との間にどれだけの開きがあるか

を見て採点していくようなものです。

　ですから、あなたのつけた1位と2位が異なっているというくらいは、まったく気にする必要はありません。17位と18位が異なっていても、採点にはほとんど影響ありません。

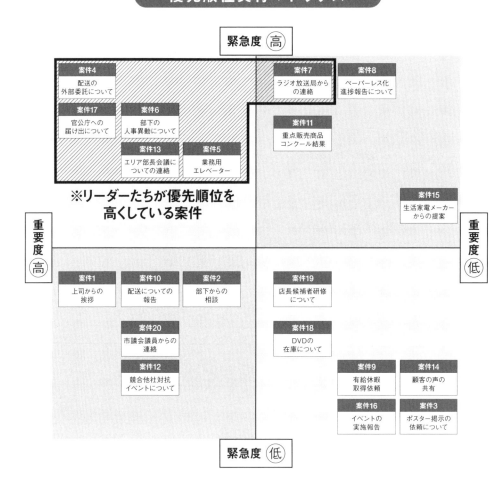

優先順位実行マトリクス

緊急度 (高)

案件4
配送の
外部委託について

案件17
官公庁への
届け出について

案件6
部下の
人事異動について

案件13
エリア部長会議に
ついての連絡

案件5
業務用
エレベーター

案件7
ラジオ放送局から
の連絡

案件8
ペーパーレス化
進捗報告について

案件11
重点販売商品
コンクール結果

案件15
生活家電メーカー
からの提案

※リーダーたちが優先順位を
高くしている案件

重要度 (高)

重要度 (低)

案件1
上司からの
挨拶

案件10
配送についての
報告

案件2
部下からの
相談

案件19
店長候補者研修
について

案件20
市議会議員からの
連絡

案件18
DVDの
在庫について

案件12
競合他社対抗
イベントについて

案件9
有給休暇
取得依頼

案件14
顧客の声の
共有

案件16
イベントの
実施報告

案件3
ポスター掲示の
依頼について

緊急度 (低)

大事なのは、あなたが優先順位が高いとして選んだ全体の2～3割（今回の案件で言えば5案件ほど）が、174ページのマトリクスで優先順位の高い案件と重なっていればいいと考えてください。

"ほぼ"と言ったのは、5案件中1～2案件は外れていても大きな問題ではないととらえてほしいからです。

　逆に問題なのは、1～5位のうち半分しか重なっていない場合で、優先順位設定にずれが生じている可能性があるということです。まったく入っていなければ、かなり厄介な思考のクセがついていると言えるでしょう。

現役管理職たちはどう考えたのか

　第4章の演習問題でリーダーたちが優先順位を高くしているのは、［案件4、5、6、7、13、17］です。

　現役管理者、リーダーにモニターや研修受講者の発表も加えて、上記6つの案件へのコメントをいただいているので、以下にまとめておきます。

　あなたの思考プロセスになかったアプローチはどこか、という視点で読んでください。

プロはなぜ［案件4］を高く評価したのか

　これは期限が9月17日と定められているので「緊急度」は高くなります。「重要度」は、短期的に見ると経費改善と考える人もいるようですが、マネジメントの立場から見ると、まず店舗がライバル店と競争していること、そして［案件10、11、13、20］などから、戦略上、配送部門は自店の強みと言えるので、「影響度」は店の将来に対して大きいと言えるでしょう。

　店長という立場は短期的な利益も重要ですが、それにもまして中長期的な視野で利益を出し続けることも大事なのです。

　また、部下の人生にも関わる案件だという視点もこれに加わり、優先度を高くした人が多くいました。

プロはなぜ［案件5］を高く評価したのか

　この案件は、管理職としてどのように問題をとらえるかで、重要性が異なります。

　人も含めて運搬する機械が異常であることは、管理職としてすぐに対処するべき案件であり、判断期限も迫っているので優先順位は高くするといいでしょう。

プロはなぜ［案件6］を高く評価したのか

　この案件は、部下の人事異動に関する案件です。

　栄転なので、そのまま進めていいと考える人もいますが、［案件11］によると副店長は母親の介護をしているので、その土地から動けないという事情があり、［案件12］にも同様の内容があります。

　これらの情報を関連させると、その情報内容を加味して判断する必要性があります。

　あわせて、この人事異動は会社として初の海外出店ということであり、会社の将来に影響する案件かもしれません。したがって、管理職としては重要性が高いと考えている人が多いのです。

プロはなぜ［案件7］を高く評価したのか

　イベントの情報ですが、［案件5］のエレベーターが使用できないという状況と組み合わせると、何らかの対応が必要であることがわかります。

　ラジオ生放送ということなので、そこでトラブルが起きるとイベント上重大なことになるし、自分が不在であるということもあって、対応が必要と考える人が多かったようです。

プロはなぜ［案件13］を高く評価したのか

　会社の方針と上司の考えが先行していますが、安易にそれを受け入れると、店舗の運営に大きな支障が出る恐れがあります。販売員を引き上げるということは、接客する人員が不足することなので、オペレーションの見直しが必要だからです。

　現状を把握し、シミュレーションするなどの早急な対応が必要です。

プロはなぜ［案件17］を高く評価したのか

　この案件は、リスクをどのように見積もるかで優先順位が異なります。担当者からの報告であり、これで問題が解決したと見れば優先順位はそれほど高くないかもしれません。しかし、管理職としてはこの問題が最悪の状態になったときに、どのような損失が出るのかという視点は持っておきましょう。

　最悪の場合、行政からの指導で営業に支障が出たり、会社のブランドに傷がついたりすると、取り返しのつかないことになるかもしれないので、少し神経質になるくらいがいいでしょう。

　そのうえで、このリスクをどう軽減するのかを考えるとしたら、優先順位は高くなります。

　今回は多くの管理職・リーダーが選んだ案件を6つ紹介しました。もちろん、これら以外の案件を高い優先度に選んだ人もいたでしょう。

　まずはここに掲載した解説を参考にして、あなたが高い優先度をつけた案件とどこがどう違うのかを検討してみてください。

　そしてもう一度、マネジメントを行う店長という視座で、20案件全体を見直してみてください。

全案件の8割を処理して
さらに深掘りする

　第5章では、演習問題の20案件すべてに解説を添えていますが、これは20案件すべてを処理しなさいという意味ではありません。
「どれくらいの案件数を処理できればいいのでしょうか？」
という質問をいただくことがあります。もちろん、すべてを処理できるのは素晴らしいことですが、限られた時間内ではほぼ不可能なので、挑戦すること自体が現実的ではありません。

　むしろ、すべて処理している人の回答は、内容的に薄くなりがちなので、数案件は処理できなくても、重要な案件をより深く処理しておくというやり方をおすすめします。

　実際に管理職が求められるのは、すべての業務をこなすことよりも、案件の取捨選択をして、重要な案件を深く掘り下げることです。
　具体的には処理対象8割を目指し、そのうちの2割の重要案件には通常案件の3倍の回答量を目指してください。つまり、メリハリのついた回答をしてほしいのです。

部下への指示は
心理を考えて出す

　解説では、どのような行動が入っていればよいかをお話ししてきました。でも、具体的にはどのような回答の書き方をすればよいか、まだ腑に落ちない人は多いと思います。

　インバスケットには完全な正解はないので、模範解答も存在しません。ただ、初めて受験される人向けに、トレーニングを重ねてきた先輩方の回答例は参考になると思います。そこで、彼らの回答の書き方を紹介していきます。

　まずは、部下への指示の出し方です。ここでは［案件7］のモニター回答を参考にします。

TO　錦織副店長
CC　工藤部長

この件ですが、TOP電気対抗にも活用できるので、［案件5］を調整のうえ、実施する方向で進めてください。

メディアということもあり、工事の件も含めしっかりと細部を詰めないと、逆に悪評が出るリスクがあります。ですので、関係各所と連携を取り、進めてください。

また、この機会を最大限活用するために、チーフもしくはサブチーフから企画チームをつくり、TOP電気との差別化をする商品やサービスの紹介を提案してください。

リーダーは錦織さんに任せます。

大変な機会ですが、あなたなら成功させられると確信しています。

本社や部長には、私から根回しをしておきます。

この回答例の考察です。

　まず、部下への指示や命令は明確さが大事です。あいまいだと指示を受けた部下も困ります。

　この例で言えば、「実施する方向で進めてください」という部分です。これが「なるべく実施する方向で進めてください」だったらどうでしょう。少しぼやけますよね。

　重要案件を処理するときに大事なのは、明確に意思を伝えて指示通りに実施してもらうことです。

「なるべく」「できるだけ」などの言葉はあいまいさを増やすので、重要案件には使わないでください。

　そして、指示の根拠や背景も伝えることが大事です。実は、回答を見ていて、評価者として困るのがこの部分なのです。なぜその指示をしたのかを評価したいのですが、書かれていなければ意図がわかりません。

　これは実際の仕事でも同じで、意図がわからない指示では、部下が異なる行動を取ったり、モチベーションも上がらなかったりします。

　この回答例では「ＴＯＰ電気対抗にも活用できる」と根拠を述べています。これがなければ、部下から見れば、なぜこのイベントを実施するのかがわかりません。

　ですから、指示には根拠をつけることを習慣づけておいてください。あわせて、「指示の内容でわからないことがあれば質問をするように」と添えると、部下も安心します。

　少しレベルが高いのですが、指示の出し方は部下の特性によっても異なります。

　例えば、年上の部下や職人気質の部下には、配慮や労いなどの言葉を入れて、相手の尊厳を傷つけないようにしたり、言うことをきかない部下には、命令形を使ったりこまめに報告をもらうようにしたりと、工夫が必要です。

　これは部下の特性によって指示の出し方を変えるという評価にもつなが

ります。

　また、指示をするときには、相手が誰であっても配慮や労いの言葉を少し入れると、より伝わりやすくなります。今回の回答例では、
「大変な機会ですが、あなたなら成功させると確信しています」
という部分がそれにあたります。
　そのほかの表現としては、
「申し訳ないが……」
「問題があれば相談してください」
なども配慮にあたります。
　ただ、そういった言葉を意識しすぎると、ほかの大切な部分が書けなくなるので、書きすぎには注意してください。

資料は判断・仮説の段階で活用する

資料は、案件処理や判断に関連して活用します。

例えば［案件5］では、業務用エレベーターの入れ替えが提案されていますが、この入れ替え費用はビルオーナー持ちにもかかわらず、［資料7］から、対予算比がオーバーしていることがわかります。

ここを問題視するなら、次のような指示も出せるでしょう。

TO　副店長

エレベーター設備に関する費用はオーナー持ちとのことですが、［資料7］を見ると設備費がかなりオーバーしているようです。この設備費の明細とオーバーの理由を教えてください。

このように、資料の数字を案件とからめて活用していくことで、見えない問題をもっと見つけられるようになります。

また、資料のデータを見るときには、過去数カ月のデータと比較するなど、「点」で見るのではなく「線」で見るようにしてください。

今回の設備費に関しては、経費全体の2割を占める影響の大きい経費です。前任者が［案件1］でコストダウンに力を入れたとありますが、その割にはこの部分の経費は減っていないことが、関連させることでわかりますよね。

さらに、資料はほかの資料を結び付けてみたり時系列で見ることで、新たな事実がわかります。

［資料４］からは年々店の粗利率が低下していることがわかり、［資料６］からは白物家電の粗利率が低下していることがわかります。

　一方で、白物家電の売上高が昨年対比で上がっているので、「値引をして売上を上げているのではないか」という仮説を立てることもできます。

　このように、資料は判断を下したり仮説を立てるときに活用できるので、回答のレベルも上がります。

　ただ多くの場合、インバスケットの資料は案件の前に提示されることが多いので、時間をかけて読み込みすぎないように注意しましょう。時間をかけすぎると案件処理の部分で時間が足りなくなるからです。

　判断に迷ったときだけでなく、自分の判断に自信があったとしても、データで裏づけるクセは、重要な判断を下す管理職として習慣化しておいてください。

回答をブラッシュアップ
していく

　多くの方は本書を読まれて、解説通りに回答なんて書けないと思っているかもしれません。しかし、インバスケットはトレーニングしだいで多くの回答が書けるようになります。

　私が主宰している勉強会に参加している人は、短時間ですごい案件数を処理します。1つの回答の量も、私がフィードバックするのが大変なくらいです。

　ですから、インバスケットは練習あるのみです。誰も最初は書けませんが、練習量に比例してできるようになります。

　ただ、回答量が多ければスコアがよくなるわけではなく、ある一定量で頭打ちになることがあります。それは、量だけでは評価の限界があるからです。ですので、頭打ちと感じたなら、次は内容の質を高めていくようにしてください。

　メールが長文で送られてくると、内容を理解するのに困ることがあると思います。多くは、伝えることが苦手か、仕事が初歩レベルの人にこの傾向があります。一方で、伝えるのが上手な人は、短い文章でわかりやすく書いています。

　インバスケットの回答も、量が書けるようになったら、次は余計な部分を削っていく段階に入ります。

　次に、[案件7]の回答例とその改良例を載せておきます。まず、じっくりと読んで、比較してみてください。

▶回答例

TO　荻野様

いつもお世話になっております。
私はこの度、当店店長に着任することになりました椎名と申します。
この地域は初めてですので、今後もいろいろ情報をいただけるとありがたいです。
また、当店は新たな取り組みを開始しようとしていますので、こちらも今後お力をお借りしたいです。
さて、このイベントの件です。非常にありがたいお話ではあるのですが、当日は別案件で工事が入る予定になっています。直前のお話でたいへん申し訳なく思うのですが、開催の延期をご検討いただければありがたいです。
ご配慮をいただいているにもかかわらず、申し訳ありません。
次回は素晴らしい放送ができるように、全スタッフでバックアップさせていただきます。
今後とも、当店のご支援をよろしくお願いします。

　上記の内容の回答はとても配慮されていて丁寧なのですが、まわりくどい表現や重複している部分もあります。それは次ページの下線部分です。

▶改良へのヒント

> TO　荻野様
>
> いつもお世話になっております。
> 私はこの度、当店店長に着任することになりました椎名と申します。
> <u>この地域は初めてですので、今後もいろいろ情報をいただけるとありがたいです。</u>
> <u>また、当店は新たな取り組みを開始しようとしていますので、こちらも今後お力をお借りしたいです。</u>
> さて、このイベントの件です。非常にありがたいお話ではあるのですが、当日は別案件で工事が入る予定になっています。<u>直前のお話でたいへん申し訳なく思うのですが、開催の延期をご検討いただければありがたいです。</u>
> <u>ご配慮をいただいているにもかかわらず、申し訳ありません。</u>
> <u>次回は素晴らしい放送ができるように、全スタッフでバックアップさせていただきます。</u>
> 今後とも、当店をご支援をよろしくお願いします。

　そこでこの下線部分を削り、さらに評価される行動を加味すると、次ページのようになります。

▶改良例

TO　荻野様

いつもお世話になっております。
私はこの度、当店店長に着任することになりました椎名と申します。
さて、このイベントの件です。非常にありがたいお話ではあるのですが、当日は別案件で工事が入っています。開催の延期をご検討いただけないでしょうか?
もし延期が無理であれば、1階フロアなども対案としてあり、詳細は副店長と詰めていただければと思います。
私も着任後、ご挨拶に伺います。
今後とも、当店のご支援をよろしくお願いします。

TO　副店長へ

当案件、ライバル店との差別化をする戦略として活用できると思います。
機会を最大化するための案をチーフ全員と策定し、そのうえで開催の段取りを決めてください。あなたに期待しています。

　いかがでしょう。ほぼ同じ分量で、対案を出すという行動や、自分も関わるという行動、さらには部下を巻き込み、戦略の意図を表現することもできています。

　人が書ける回答量には限界がありますが、中身をもっとよくすることはできます。ある程度書けるようになった人は、質の向上を目指してみてください。

インバスケットは
オーディションである

　インバスケットが多くの企業で導入されているのは、受験者が管理職に
なったとき、どのように思考し、どのような行動を取るかが、予測できる
からです。

　ということは、インバスケットの段階で、あなたは管理職として十分な
行動ができることを精一杯アピールできるとも言えます。

　トレーニングを始めたころは、回答を書くだけで精一杯だと思いますが、
自分を客観的に見られるレベルになったら、次のようにイメージしてみて
ください。

　　「インバスケットはオーディションの舞台である」

　つまり、淡々と同じような案件処理をしていくよりも、管理職として評
価されるさまざまな技を繰り出して評価者に見せつけることが、高スコア
をたたき出す秘訣なのです。

　例えば、判断方法は一つではありません。タイミングを逸することなく
決断することもできれば、裏づけを確実に取って慎重に判断をすることも
できます。あるいは、判断を別の人に委ねたり、まわりに相談したり、助
言を受けて判断することもできます。

　部下を指導するときも、毅然と指導することもできれば、なだめること
もできます。あるいは、部下自身に気づかせるように質問やコーチングを
することもできます。

　そういうことが回答用紙に書かれていれば、
「何と応用力がきく、資質のある人なのだ！」
と評価者は思うはずです。

インバスケットを受験する人には、とても優秀な方が多く（あなたもきっとそうでしょう）、採点すると合格ラインに多くの受験者が団子状態になっています。

　そのきわどい合格ラインを越えるには、ほかの受験者があまり取らない高評価に値する行動を書くことが求められます。

　ですから、あなたが今取っている行動以外の選択肢を、上司やセミナーから学び、現場で使えるようにしてほしいのです。

　その体得したさまざまな応用技は、インバスケットの試験だけではなく、実際に管理職になったときの業務に必ず役立ちます。

　ぜひ、この難関のオーディションを突破してください。

おわりに

　ネット上ではインバスケットが苦手だとか難しいという声をよく見かけます。そのたびに私は受験勉強時代を思い出します。

　私は勤務先の昇格試験でインバスケットを受け、「昨日までの自信は何だったのだ……」とひどく落ち込みました。

　たしかにインバスケットは難しく、今もインバスケットを演習してみると、自分のいたらなさが見えてしまいます。

　では、インバスケットを避ける方法があったとしたら、それを選んでいたかと聞かれれば、それは選ばず今と同じ道を選んでいたと確信します。理由は、インバスケットで本当の自分を見ることができたからです。

　もしインバスケットと出合わなければ、そのときの間違った自己認識は変わらず、自分はできる管理職だと勘違いしたまま、部下やまわりに迷惑をかけていたでしょう。それに、自分ががんばってもまわりに評価されない存在になっていたかもしれません。

　だからこそ、当時の私と同じようにインバスケットが苦手で、できればあまり勉強したくないと思っている人をイメージして本書を書きました。

　ネットなどで「一発で合格できる」みたいな甘い誘い文句を見ると、なびいてしまいそうです。しかし、私がインバスケットを教える立場になってからも、「簡単に一発で合格した人」など見たことがありません。

　最初は、誰しもインバスケットはできないのです。ですから、繰り返し勉強するという地味なトレーニングを、あえておすすめします。

　私もあなたと同じように、本業の忙しい中で勉強しました。

　回答を書いたノートは、今でも引き出しの奥にしまってあります。ノートを捨てずにいるのは、合格した記念ではありません。
自分の成長の記録として、そして今もその中から自分のできなかったところを見つめ直すためです。「仕事の健康診断」ということです。
「試験に合格したい」「スコアを上げたい」と思っている人が全員でしょうが、私はあえて、みなさんには自分の成長を目指してトレーニングしていただきた

いのです。そして、その大変なトレーニングをされるあなたに、本書がお役に立つことを願っています。

　本書では、十分な説明ができなかったかもしれません。そう感じた方は、無料のYouTubeチャンネル「ＴＩＣ」（鳥原隆志のインバスケットチャンネル）をご覧ください。インバスケットに関するさまざまな動画を配信しています。

　私は、地道に実直に勉強するあなたに、最大限の応援をしたいと思っています。そんな思いで本書を書きました。この１冊がみなさんの輝かしい未来をつくるきっかけになりますように。

　最後になりましたが、本書執筆にあたり、ご協力いただいたモニター様やスタッフのみなさん、ＷＡＶＥ出版編集部の福士編集部長に心からお礼を申し上げます。

　そして本書を読んでくださったあなたにも、お礼を申し上げます。次のステップに上がったあなたと、どこかでお会いできることを楽しみにしています。ありがとうございました。

著者

鳥原隆志 （とりはら たかし）

◎──1972年大阪府生まれ。株式会社インバスケット研究所代表取締役、インバスケット・コンサルタント。

◎──大学卒業後、㈱ダイエーに入社。販売部門、企画部門を経験し、10店舗を統括する食品担当責任者（スーパーバイザー）として店長の指導や問題解決業務に努める。管理職昇進試験時にインバスケットに出合い、自己啓発としてインバスケット・トレーニングを開始。日本で唯一のインバスケット教材開発会社として、㈱インバスケット研究所を設立。法人向けのインバスケット教材開発と導入をサポート。この道の第一人者としてビジネスパーソンの行動分析をするなど活動中。

◎──著書は『究極の判断力を身につける インバスケット思考』（ＷＡＶＥ出版）をはじめ50冊以上、教材数は200を超える。国内外での講演や研修の実績多数。受講者数は延べ３万人を数える。

鳥原隆志のインバスケットチャンネル（YouTube）https://www.youtube.com/@inbasket-TIC
インバス！個人用教材販売サイト　https://www.in-basket.jp/
鳥原隆志公式ブログ（毎日更新）https://ameblo.jp/inbasket55/

管理職を目指す人のための
インバスケット対策完全マニュアル

2024年４月23日　第１版第１刷発行
2024年10月29日　　　　第３刷発行

著者	鳥原隆志
発行所	WAVE出版

〒102-0074　東京都千代田区九段南3-9-12
TEL 03-3261-3713　FAX 03-3261-3823
振替 00100-7-366376
E-mail：info@wave-publishers.co.jp
https://www.wave-publishers.co.jp

印刷・製本　　萩原印刷株式会社

NDC336　191p　21cm　ISBN978-4-86621-481-8